SHUO
JIU
ZHOU

说九州

地理变迁与人文故事

曾大兴/著

河北出版传媒集团
河北人民出版社
石家庄

图书在版编目（CIP）数据

说九州 : 地理变迁与人文故事 / 曾大兴著. -- 石家庄 : 河北人民出版社, 2024.6
ISBN 978-7-202-16896-7

Ⅰ. ①说… Ⅱ. ①曾… Ⅲ. ①中国历史－通俗读物 Ⅳ. ①K209

中国国家版本馆CIP数据核字(2024)第032923号

书　　名	说九州：地理变迁与人文故事 SHUO JIUZHOU DILI BIANQIAN YU RENWEN GUSHI
著　　者	曾大兴
选题策划	王斌贤　陆明宇　王　静
责任编辑	李　耘
美术编辑	李　欣
封面设计	璞茜设计
责任校对	余尚敏
出版发行	河北出版传媒集团　河北人民出版社 （石家庄市友谊北大街 330 号）
印　　刷	河北新华第一印刷有限责任公司
开　　本	787 毫米×1092 毫米　1/16
印　　张	19.5
字　　数	246 000
版　　次	2024 年 6 月第 1 版　2024 年 6 月第 1 次印刷
书　　号	ISBN 978-7-202-16896-7
定　　价	78.00 元

前言

九州作为一个地理名称，可以说是由来已久，使用广泛，深入人心，它和中国、中华、华夏、神州一样，是我们祖国的一个响当当的名称。古往今来，许多中国人在讲到自己祖国的时候，都习惯于用九州这个名称，例如南宋诗人陆游的《示儿》：

死去元知万事空，
但悲不见九州同。
王师北定中原日，
家祭无忘告乃翁。

又如晚清诗人龚自珍的《己亥杂诗·九州生气恃风雷》：

九州生气恃风雷，
万马齐喑究可哀。
我劝天公重抖擞，
不拘一格降人才。

©大禹像

这两首诗都是脍炙人口的经典作品，诗中的九州，都是指中国、中华、华夏或神州。

事实上，九州不仅仅是一个地理名称，更是一个文化符号、一个审美意象，它包含了中华民族广大的疆域、悠久的历史、丰富的想象和深邃的情感。

鲧禹治水

说到九州，许多人会想到大禹治水。

这是一个古老的神话传说，先秦和秦汉时期的许多典籍都有记载。其大意是：远古时期，洪水滔天，人民、牲畜、庄稼淹死无数，于是天帝派一个名叫鲧的神去治水。鲧用堵塞的办法治水，没有成功，天帝发

怒，诛杀了鲧，然后又派鲧的儿子禹去治水。禹吸取了他父亲的教训，不再用堵塞的办法，改用疏导的办法，最后获得成功，成了治水英雄。

这个故事告诉人们，治水，如果用堵塞的办法，就会失败；只有用疏导的办法，才能成功。这个观念影响了人们几千年，一直影响到今天。

实际上，历来治水的办法，是堵塞和疏导并用。开挖河道，疏浚江湖，这是疏导的办法；而修堤垒堰，拦河筑坝，就是堵塞的办法。在洪水到来之前，既要疏通水道，又要修筑堤防；在洪水到来之后，主要是加固堤防，守护堤防，万不得已才开闸分洪。

先秦以来记载原始神话较多的古籍，例如《山海经》和《淮南子》就是这样讲的。《山海经・海内经》记载说：

禹、鲧是始布土，均定九州。……洪水滔天，鲧窃帝之息壤以堙洪水，不待帝命。帝令祝融杀鲧于羽郊。鲧复（腹）生禹。帝乃命禹卒布土以定九州。

请注意“布土”和“堙”这两个词。“布土”就是敷土、填土的意思，“堙”就是“塞”的意思。这表明，鲧治水，用的是“布土”或“堙”的办法，也就是堵塞的办法；他的儿子禹治水，也还是用的父亲的方法，所谓“卒布土以定九州”。

《淮南子·地形训》讲得更明确：

禹乃以息土填洪水，以为名山。

这里的“息土”，就是《山海经》所讲的“息壤”。这是一种什么样的土呢？郭璞注《山海经》说：

息壤者，言土自长息无限，故可以塞洪水也。

原来是一种可以自生自长、永远也用不完的土，是一种神土。

俗话说：兵来将挡，水来土掩。“掩”，就是“堙”，就是“塞”。鲧、禹父子治水，都是用“堙”的办法、“塞”的办法，而且他们所用的土都是“息壤”或者“息土”。

既然这样，问题就来了。父子两人都是用同样的办法和同样的材料治水，为什么鲧触怒了天帝，乃至被诛杀，而禹却成了治水英雄呢？

请注意“不待帝命”这四个字。所谓“不待帝命”，就是没有得到天帝的批准就自作主张了。

由此可见，鲧治水失败的真正原因，不在于他用了堵塞的办法，而在于他事先没有得到天帝的允许，窃用了天帝的息壤来堵塞洪水。

用同样的办法、同样的材料治水，鲧成了一个失败的典型，禹成了一个成功的典型，原因即在于鲧“不待帝命”，自行其是，而禹却是按照天帝的旨意行事。按照天帝的旨意行事，而且还能把事情办好，于是禹就成了治水的英雄。这就是鲧禹治水一败一成的真相。

鲧禹治水的神话，在先秦和秦汉时期，经历了一个不断累积、不断改造、不断历史化的过程，到了司马迁的《史记·夏本纪》里，禹就成了一个历史人物，不再是神话人物了。

《史记·夏本纪》说，禹姓夏，名文命，他的父亲是鲧，鲧的父亲是颛顼，颛顼的父亲是昌意，昌意的父亲是黄帝。也就是说，禹是黄帝的玄孙。历史传承的脉络看起来清清楚楚。

指派鲧去治水的帝，也不再是天帝，而是人间的尧帝。这个时候，尧帝已经很老了，由舜代行天子之政。由于“鲧治水，九年而水不息，功用不成”，舜就诛杀了鲧，然后举荐鲧的儿子禹继续治水。

禹为人，机智敏捷，勤奋能干。他是怎么治水的呢？司马迁列举了三点：

一是实地勘测，立木以为标记，所谓“行山表木，定高山大川”；

二是动员各地诸侯，发动大批老百姓，分区域治水；

三是亲力亲为，勤勤恳恳，公而忘私，甚至三过家门而不入。关于这一点，司马迁的记载是很感人的：

> 禹伤先人父鲧功之不成受诛，乃劳身焦思，居外十三年，过家门不敢入。

禹是有家室的。他娶了涂山之女，后来又生了儿子启，但是他一天也没有回家

抚育过儿子。有一次，他路过家门，听到儿子的哭声，很想进去看看儿子，但是最后还是没有进去。他怕耽误了治水的工作。

大禹治水，由神话传说演变为历史故事，被古人不断地加以丰富，不断地加以改造，不断地加以完善，这个事实说明了什么呢？说明了治水这件事在我们这个国家的极端重要性。

大家都知道，在全国许多地方都有“禹迹”，也就是大禹治水留下的足迹。事实上，以当时的条件，大禹不可能到过那么多地方，更不可能治理那么多的大小江河。但是，为什么在全国许多地方都有“禹迹”呢？这些“禹迹”，在今天看来，无疑多数都属于附会。但是这种附会也表明了一个事实，就是历朝历代、全国各地都非常重视治水，到处都留下了前人治水的辛劳和业绩。

禹别九州

由于大禹治水的故事深入人心，大禹划九州的故事也广受关注。《尚书·禹贡》开头就讲：

> 禹别九州，随山浚川，任土作贡。

意思是说，大禹划分九州的界限，随其所至之山，刊除阻挡水流的林木，疏通江河，使水注入海。水害除掉之后，土地恢复了本性，禹再根据土地之所出，确定各地的贡赋等级。

所谓禹贡，就是大禹制定的各地的贡赋等级。大禹在制定这个贡赋等级之前，要划分九州。

那么，大禹是如何划分九州的呢？他划分九州的原则是什么呢？《史记·夏本纪》中有这样两句话：

禹乃行相地宜所有以贡，及山川之便利。

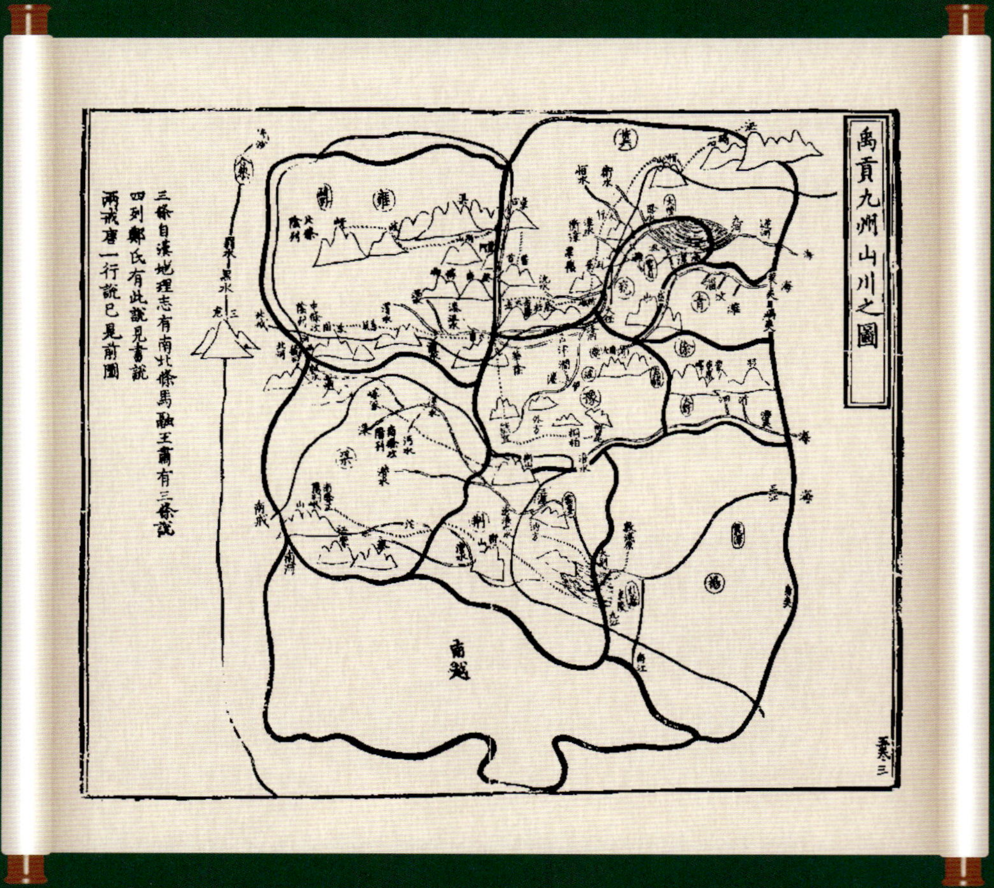

◎《禹贡九州山川之图》，载［宋］唐仲友《帝王经世图谱》，宋嘉泰元年金式、赵善鐻刻本

意思是说，大禹一路前行，考察各地的土壤性质和物产，以及“山川之便利”，来制定各地的贡赋等级。

“山川之便利”这五个字，也就是《战国策·秦策》讲的“山川形便”。这是大禹划分九州的原则。

中国古代划分行政区域有两个原则：一是“山川形便”，一是“犬牙交错”。所谓“山川形便”，就是以天然山川作为行政区划的边界，使行政区划与自然地理区划相统一。所谓“犬牙交错”，就是为了加强中央集权，防止地方割据，故意不以自然山川作为行政区划的边界，使行政区划与自然地理区划不相统一。大体而言，宋代以前的行政区划，主要依据“山川形便”的原则，宋代以后的行政区划，主要依据“犬牙交错”的原则。

大禹划分九州的原则就是“山川形便”。我们来看看《禹贡》九州的排列次序：冀州、兖州、青州、徐州、扬州、荆州、豫州、梁州、雍州。

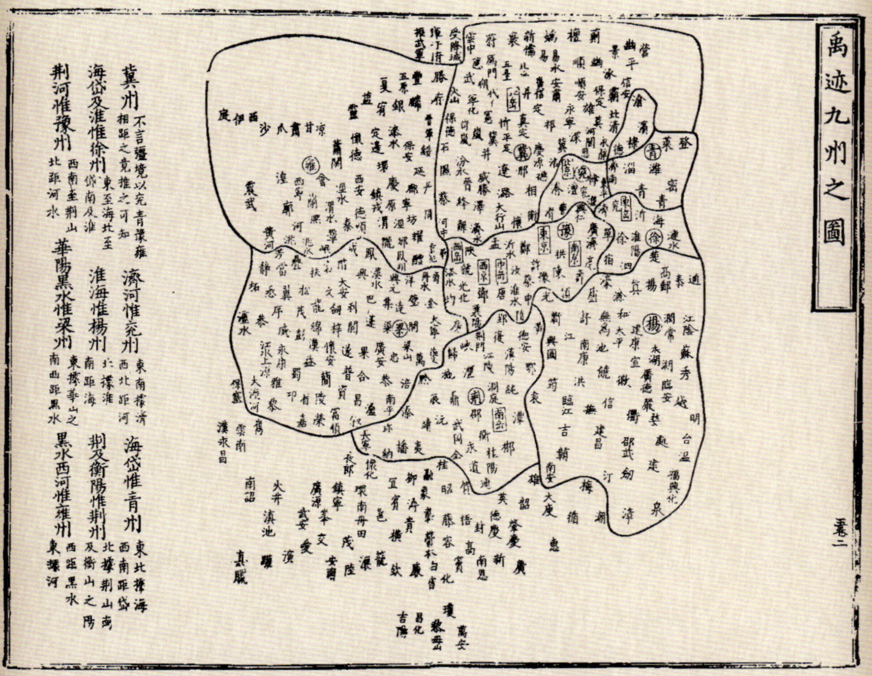

◎《禹迹九州之图》，载［宋］唐仲友《帝王经世图谱》，宋嘉泰元年金式、赵善鐻刻本

为什么是这样一个次序呢？这里面有什么讲究呢？实际上就是因为“水”和“治水”。

唐代著名学者孔颖达解释说：

> 九州之次以治为先后。以水性下流，当从下而泄，故治水皆从下为始。冀州帝都，于九州近北，故首从冀起。而东南次兖，而东南次青，而南次徐，而南次扬，从扬而西次荆，从荆而北次豫，从豫而西次梁，从梁而北次雍。雍地最高，故在后也。
>
> ——《十三经注疏·尚书正义》

所谓“九州之次以治为先后”，就是讲九州的次序是按照治水的先后排列的，而治水是“从下为始”，由低到高，因此九州的排列次序，是由东而南，由南而西，由西而北。

具体到每一个州来讲，又是如何划分它的行政范围的呢？孔颖达接着又解释说：

> 自兖已下，皆准地之形势，从下向高，从东向西。

所谓“皆准地之形势”，也就是根据“山川形便”这一原则来划分。例如讲到兖州时，《禹贡》说“济河惟兖州”，意思就是，兖州这个州，东南跨济水，西北至黄河，在济水和古黄河之间。又如讲到青州时，《禹贡》说“海岱惟青州”，意思就是，青州这个州，东北跨海，西南至泰山，在渤海和泰山之间。

《禹贡》的写定者是谁？一般认为是战国后期的学者。战国后期正是诸侯割据、杀伐连年的时代，国家处于四分五裂之中，人民饱受战难之苦。《禹贡》的写定者托名大禹，把当时的中国分为九州，体现了那个时代的人们将国家归于一统的政治理想。

也就是说，在《禹贡》写定者的年代，九州的划分还只是一种设想，并非现实。

如果说，大禹治水的故事，经历了一个由神话到历史的演变过程，那么划九州这件事，则经历了一个由设想到坐实的过程。

把《禹贡》九州由一种设想变为现实，始于汉代。汉武帝元封五年（前106），为了加强中央集权，除京师附近七郡外，把境内分为十三州，每个州设立刺史一人，负责监察境内的官吏和地方豪强，称十三刺史部。虽然这个时候的刺史部还只是一个监察机构，还不是一个行政机构，但是可以说，《禹贡》九州的设想已经开始变为现实。

汉献帝建安八年（203），改十三刺史部为十三州，监察机构变为行政机构，《禹贡》九州的设想才真正变为现实。

十三州中，包含了《禹贡》所划分的九州，另外在北方增加了幽州和并州，在南方增加了益州和交州。

汉代以后，州这一级行政区划的变化很大，但是《禹贡》九州的名称多数都得以保留。例如冀州、兖州、青州、荆州、徐州、扬州这几个地名，直到今天还在使用，只是它们的版图与《禹贡》九州所划定的范围相比，都缩小了。

需要说明的是，在先秦时期，把中国分为九州者，并非只有《尚书·禹贡》，还有《周礼·职方氏》《尔雅·释地》和《吕氏春秋·有始览》。这四部书所划分的九州，在名称上大同小异，但是《禹贡》九州出现的时代最早、影响最大。因为《禹贡》九州是和大禹治水的故事联系在一起的，是大禹治水的产物。而大禹治水的故事，对于后世影响深远。

因此，通常所讲的九州，是指《禹贡》九州。

说九州

目录

冀州

长河东来横冀州

冀州上

冀州是《禹贡》九州的第一州，它的范围有多大？《禹贡》没有讲。但是《尔雅 · 释地》的解释可以供我们参考：

> 两河间曰冀州。

所谓两河间，就是指黄河的西河与东河之间。西河就是今陕西省与山西省之间的那段南北走向的黄河，东河是指黄河自河南省东北入海的河段。冀州的东、南、西三方均是黄河，黄河像一个 U 字，把冀州套起来。宋人刘敞诗云："长河东来横冀州"（《送张太保知冀州》），可以说是很形象地概括了冀州三面傍河的地理环境。

冀州的范围，相当于今山西和河北两省全境、河南省黄河以北地区以及山东省西北部、辽宁省西南部一带。

©冀州城门（河北冀州）

冀州这个名称直到今天还在使用。在河北省衡水市辖区内，还有一个冀州区，这里原是西汉时冀州刺史部所辖信都国的治所，最初名信都县，唐代以后称冀州，1919 年改名冀县。这个冀州区只是《禹贡》冀州故地的一个县级行政单位，范围很小。

冀是何义？《尔雅 · 释地》说：

> **两河间其气清，厥性相近，故曰冀。冀，近也。**

意思是说，冀州作为一个独立的地理板块，其气候环境清朗，人的气质也相近。

帝都所在

冀州是古帝都所在地。唐代大学者孔颖达说：

> 尧都平阳，舜都蒲坂，禹都安邑，相去不盈二百，皆在冀州。
>
> ——《尚书正义》

平阳就在今山西临汾。临汾是一个省辖市，它有一个区就叫尧都区。在临汾城南五里的尧庙村，有尧庙；在临汾城东北 70 里的郭村，则有尧陵。

相传尧帝建都平阳，死后也葬在平阳。

蒲坂就在今山西运城。运城也是一个省辖市，它下面有一个县级市叫永济，永济市的蒲

◎尧庙（山西临汾）

州镇，又叫舜城，相传就是舜都所在地。这里还有一座舜庙，一座舜帝陵。

安邑也在山西运城。运城市夏县西北的中条山麓，有一个禹王乡，这里就是禹王古城的所在地，古称安邑。据司马迁《史记》和郦道元《水经注》记载，夏禹曾经在这里建都，夏县也因此而得名。

为什么尧舜禹三帝都要选择在这二百里之内建都呢？应该说，与这里的地理环境有重要关系。我们且看郦道元《水经注》的两条记载：

> 汾水又南迳平阳县故城东，……县在平河之阳，尧舜并都之也。
>
> 涑水又西南过安邑县西。安邑，禹都也。

汾水和涑水，都是黄河水系的主要河流，汾水下游的平阳和涑水流域的蒲坂、夏邑，都在黄河的冲积平原上。这里土地肥沃，气候宜人，最适于农耕，因此成为中华民族的发祥地之一。

◎舜帝陵（山西运城）

古人讲冀州乃帝都之所在，这是有充分依据的。在山西境内，除了临汾（平阳）、永济（蒲坂）和夏县（安邑）是传说中的尧舜禹三帝的国都，另外还有翼城，也曾是夏朝的国都；还有河津，曾是商朝的国都；还有隰县，曾是十六国时前赵的国都；还有大同，曾是南北朝时北魏的国都；还有太原，曾是五代时北汉的国都。

至于北京，就更是众所周知的帝都所在了。北京有 800 余年的建都史，与西安、洛阳、南京并称中国四大古都。西周时，这里是燕国的国都；公元 1153 年以后，这里先后为金、元、明、清四朝的国都。而在河北境内，曾经作过国都的地方，还有邯郸、临漳、邢台、定州等地。

在河南省的黄河以北地区，有安阳（殷邑）、淇县（朝歌）两地曾是商朝的国都，前后长达 283 年。在辽宁的西南部，有锦州、朝阳两地曾是十六国时前燕和后燕的国都。

据统计，在《禹贡》冀州故地，曾经作过帝都或者国都的城市，至少有 26 处。

大凡国都所在地，一般都有这样几个特点：一是交通方便；二是人口集中；三是经济、文化、教育相对发达。随着时代的变迁，《禹贡》冀州故地的这些曾经的国都，除了北京之外，都已不再是了，但是我们不能否认，这些地方的历史是非常悠久的，文化底蕴也是非常深厚的。

文物大省

讲《禹贡》冀州是不能不讲山西的。山西给人的第一印象，是一个文物大省。据统计，从 1961 年到 2019 年，国务院公布了八批共 5058 处“全国重点文物保护单位”（简称“国保单位”），其中山西拥有 530 处，在全国 34 个省、自治区、直辖市和特别行政区中排位第一。

山西的古村落也很多。2012 年、2013 年、2014 年，住房和城乡建设部、文化部和财政部先后三次联合发出通知，公示中国传统村落（古村落）名录，全国有 28 个省、自治区和直辖市共 2556 个古村落入选，其中云南排位第一，贵州第二，浙江第三，山西第四，广东第五。山西有 129 个古村落，在北方各省、自治区和直辖市中首屈一指。

山西的文物和古村落为什么这么多？这首先与其独特的地理环境有重要关系。山西是一个独立的地理板块，其自然环境有两个突出特点：一是四山锁闭。东有太行山，西有吕梁山，南有中条山，北有恒山。二是盆地如珠，河流如串。山西境内有一条纵贯南北的大裂谷，裂谷中分布着一系列珠状的盆地，由北向西南依次为大同盆地、忻定盆地、太原盆地、临汾盆地和运城盆地，南北长 680 公里，东西宽 380 公里。山西境内还有 10 条大河，其中汾河、涑水等七条河为黄河水系，桑干河、漳河等三条河为海河水系。正是这些盆地与河流，使山西成为中国农耕文明的发祥地之一，因而拥有大量的农耕时代的文物和古村落。正是这些大山的屏障，使山西较少受到外部战争的破坏，大量的文物和古村落得以保存。

文物和古村落作为农耕文明的代表性成果，它们所包含的文化信息，所具有的文化价值，都是难以估量的。

山西的文物和古村落如此之多，也与山西人强烈的文物保护意识有重要关系。专业的文物工作者且不说，我这里只说一个农民保护文物的故事。

据《山西日报》报道，在山西运城市绛县，有一个尧寓村，传说尧就是在这里出生长大的。2001 年，这里有一块石碑被发现，碑文上写着：

> 唐尧寓处。东晋永和二年孟春创立，大清康熙五十四年重刊，邑庠次贡王民仰书。

此事一经媒体报道，即在学界引起轰动。根据石碑和有关文献的记载，2006 年，绛县“尧王故里传说”被列入山西省非物质文化遗产名录；2008 年，“尧的传说”又被列入国家级非物质文化遗产名录。

◎“唐尧寓处”石碑（山西绛县）

这块石碑得以较完好地保存，与当地一位叫张春荣的老人有重要关系。据这位张大爷讲，这块石碑之前是被存放在村庙里的，很多人都认为它仅仅是一块祖先传下来的东西，不知道它有什么价值。之后村庙没了，就放在了村校里。就这样，这块石碑就一直在村子里到处辗转，没有人愿意把它放在自己家里。直到 2001 年的一天，这块石碑被一个考古学家发现了，他跟村里的人讲，这个东西非常珍贵，需要把它保护起来。张大爷作为村里的干部，就接手了这块石碑，负责保护它。

张大爷所在的这个尧寓村，几乎家家户户都住过窑洞，张大爷本人也一样。他所居住的这口窑洞已经有上千年的历史，虽然看起来普通而简陋，但是保存得很好。改革开放以后，村里建了许多新房，他的亲人都搬到新房去住了，但张大爷仍然坚守在这口窑洞里。他解释说，由于长时间在窑洞里做饭，使得窑洞变得非常干燥，这就有利于保护这块石碑。（《“唐尧寓处”石碑证明尧王出生地应在绛县》，《山西日报》2015 年 3 月 25 日）

一位 80 多岁的农民，为了保护一件文物而坚持独自一人住在这口千年窑洞里，不随亲人搬出去住新房，这不就是一种奉献精神吗？在山西，还有许多像他这样为保护文物而甘于奉献的人。正是因为他们有着坚定而执着的文物保护意识，山西的文物才保存得那么多，保护得那么好。

感慨悲歌之地

同样，讲《禹贡》冀州也不能不讲河北。

河北古称燕赵之地。燕赵之地属于暖温带，地处黄河以北，大部分地区为华北平原，又濒临渤海，地理环境较好。尤其是唐代以前，这里气候温暖，水源丰沛，森林茂密，野兽成群，自然生态堪称优越。

说到燕赵，很自然地令人想到韩愈的那句名言：

> 燕赵古称多感慨悲歌之士。
>
> ——韩愈《送董邵南序》

韩愈这话是有充分的历史依据的。这里有不食周粟、饿死首阳山的伯夷和叔齐，有倡导胡服骑射、拓地千里的赵武灵王赵雍，有完璧归赵、不辱使命的蔺相如，有以善战闻名的乐毅、赵奢、廉颇和李牧，有刺秦王的荆轲和高渐离，有统一岭南的赵佗，有创太平道和黄巾军的张角，有威震三国的刘备、张飞、赵云、张郃、程普，有北伐后赵、中流击楫的祖逖，有枕戈待旦、闻鸡起舞的刘琨，有敢于谏诤的魏征，等等。

在河北省保定市易县县城西南 2.5 公里处，有一座荆轲山，山上有一座荆轲塔。塔为八角十三层，高 24 米，形如利剑，直指苍天。

当年，燕太子丹在此送别荆轲，知其有去无还，便收其衣冠，造假冢埋入，名为荆轲衣

◎荆轲塔（河北易县）

冠冢。冢高 34 米，占地面积 2400 平方米。辽乾统三年（1103），始在荆轲衣冠冢上建塔，后来因故被毁。明万历六年（1578）重建，清代又加以修葺。2006 年 6 月，荆轲塔被列为第六批全国重点文物保护单位，荆轲也被列为历史文化名人。

多数人可能未见过这座荆轲塔，他们知道荆轲，是因为司马迁的《史记 · 刺客列传》。司马迁写道：

> 太子及宾客知其事者，皆白衣冠以送之。至易水之上，既祖，取道，高渐离击筑，荆轲和而歌，为变徵之声，士皆垂泪涕泣。又前而为歌曰："风萧萧兮易水寒，壮士一去兮不复还。"复为羽声忼慨。士皆瞋目，发尽上指冠。于是荆轲就车而去，终已不顾。

荆轲刺秦王，无论成与不成，最后都出不了秦宫，都是"一去不复还"。对此，太子及宾客是清楚的，于是"皆白衣冠以送之"；荆轲本人也清楚他的结局，于是忼慨悲歌之后，"就车而去，终已不顾"。

荆轲刺秦王这件事，在后世某些人看来，无疑是不明智之举。但是先秦时期的人并不这样看，例如韩国公子即后来辅佐刘邦的张良就曾花重金雇刺客在博浪沙椎杀秦始皇。面对强敌，面对强权，最难得的是敢于说"不"，敢于亮起反抗之剑。还是司马迁说得好：

> 自曹沫至荆轲五人，此其义或成或不成，然其立意较然，不欺其志，名垂后世，岂妄也哉！

先秦人比后世人活得有血性，也活得潇洒。先秦时的燕赵人尤其如此。"不欺其志"者，方可为"感慨悲歌之士"。而荆轲衣冠冢、荆轲塔以及附近的易水，也因为"风萧萧兮易水寒，壮士一去兮不复还"这两句名诗，而成为一组著名的文学景观。

讲过了山西、河北，再来讲一讲河南省最北部的一个城市——安阳。安阳古称殷、邺城、邺郡、相州、彰德府等，是早期华夏文明的中心之一。公元前 1300 年左右，商王盘庚将都城迁到这里，史称“盘庚迁殷”。“盘庚迁殷”是一个重大的历史事件。商朝在此历经八代十二王 255 年，创造了光辉灿烂的殷商文明。三国两晋南北朝时期，又先后有曹魏、后赵、冉魏、前燕、东魏、北齐在此建都，故安阳素有“七朝古都”之称。

在安阳殷墟发现的甲骨文是中国文字始祖，它与现代汉字同源，也是世界三大古文字之一，对推动中华文明乃至世界文明的发展作出了巨大的贡献。2006 年 7 月，安阳殷墟被列为“世界文化遗产”。

◎甲骨文发现地（河南安阳）

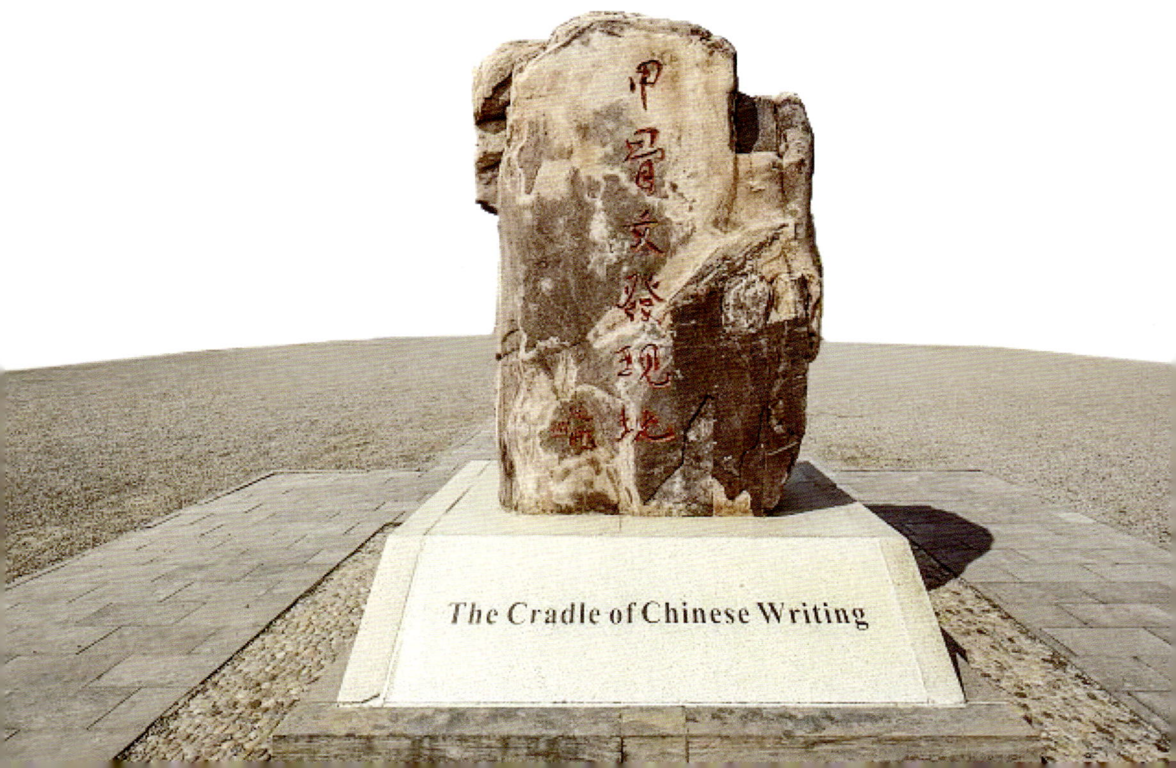

甲骨文是谁发现的？又是如何发现的？有两种说法。

◎甲骨文（局部）

第一种说法，甲骨文是由清朝的国子祭酒、著名金石学家王懿荣发现的。据说在 1899 年，王懿荣患了疟疾，到北京菜市口达仁堂中药店抓药。回到家后，他发现其中一味叫“龙骨”的药上刻有整齐规律的简单线条。精通金石学的王懿荣推测这可能是古文字，于是将达仁堂的龙骨全部买回来。后来，他又收购了古董商范寿轩、赵执斋的甲骨，甲骨文由此被发现。

第二种说法，甲骨文是由书法家孟广慧和金石学家王襄发现的。据说安阳殷墟小屯村的农民收花生时，在土中发现了带字的甲骨，但他们并不认识甲骨文，后来这些甲骨被古董商范寿轩收走。1898 年，范寿轩在天津出售古代文物时，拿着甲骨文向书法家孟广慧和金石学家王襄请教，孟广慧判断可能是古代的文字，于是孟、王二人就收购了其中的一部分。后来，范寿轩又把剩下的甲骨卖给了王懿荣。

需要指出的是，绝大部分的甲骨文是由考古工作者在安阳殷墟发现的。考古工作者通过多次调查、发掘，大体弄清了殷墟的范围和布局。

1936 年 6 月 12 日，考古工作者在安阳小屯村北宫殿区发掘出一个甲骨坑，坑里保存着带字甲骨 17096 片，记录了商王武丁时期的许多活动。据分析，这是武丁王室的甲骨文档案库。这批甲骨片的出土，对考证武丁时期的社会、政治、文化与生活有极宝贵的价值。

据学者胡厚宣统计，从 1899 年甲骨文首次被发现，共计出土甲骨 154600 多片，其中我国共收藏 127889 片，日本、加拿大、英国、美国等国家共收藏 26700 多片。到目前为止，发现这些甲骨上刻有单字约 4500 个，迄今已释读出的字约 2000 个。

甲骨文作为商朝晚期王室用于占卜纪事而在龟甲或兽骨上锲刻的文字，又称“契文”“甲骨卜辞”“殷墟文字”或“龟甲兽骨文”，是中国及东亚已知最早的成体系的商代文字。

甲骨文的发现，是近代中国考古学史上的一件大事，由此而形成的甲骨学，与敦煌学、红学并称为20世纪的三大显学。

◎殷墟王陵遗址航拍（河南安阳）

古今文采俱风流

冀州下

《禹贡》冀州故地有一座古老的城市，叫邯郸。它是战国七雄之一赵国的都城，它的文化遗产是很丰富的，仅仅国家级重点文物保护单位就有 34 处。但是在许多人看来，这里最有特色的文化遗产，倒不是那些不可移动的文物，而是作为非物质文化遗产的成语。例如负荆请罪、完璧归赵、价值连城、毛遂自荐、脱颖而出、一言九鼎、纸上谈兵、邯郸学步、黄粱美梦、南辕北辙、舍本逐末、下笔成章等等，都出自这里。据有关专家统计，与邯郸有关的成语典故共有 1584 条。2005 年，邯郸市被中国文联授予“中国成语典故之都”的称号。

◎武灵丛台（河北邯郸）

完璧归赵

成语之都的故事三天三夜也讲不完。这里只讲其中的一个，即“完璧归赵”。

据《史记 · 廉颇蔺相如列传》记载，赵惠文王得到一块稀世珍宝，即和氏璧。秦昭王得知后就想要，他派使者送信给赵王，愿意以秦国的十五座城换取赵国的这块璧。赵王召集大将军廉颇等大臣商议，大家都很为难。把璧给秦国吧，又担心秦国许诺的十五座城得不到，最后被秦国所骗；不给吧，又担心秦兵会打过来。正是因为拿不定主意，就想到要派一个使者去秦国，探探虚实，可是一时间竟找不到合适的人选。正在为难之际，宦者令缪贤说，他的家臣蔺相如可以担当此任。他还通过自己的一段亲身经历，说明蔺相如是一个有勇有谋的人。

于是赵王召见蔺相如，问他：“秦王表示愿意以十五座城换我的璧，我可以答应他吗？”蔺相如说：“秦强而赵弱，不答应是不行的。”赵王又问：“如果他拿走了我的璧，最后却不给我城，怎么办？”蔺相如说：“秦国以城求璧而赵国如果不答应，赵国理亏；赵国给了璧而秦国不给城，秦国理亏。衡量一下这两种对策，宁可答应他，使秦国来承担理亏的责任。”赵王觉得在理，就派蔺相如带着和氏璧，西行入秦。

秦王坐在章台上接见蔺相如，蔺相如捧璧献给秦王。秦王非常高兴，把璧传给妻妾和左右侍从看，左右高呼万岁。

相如看出秦王没有用城抵偿赵国的意思，便走上前去说：“璧上有个小斑点，让我指给大王看。”秦王把璧交给相如。相如手持璧，后退几步，靠在柱子上，怒发冲冠，对秦王说：“大王想得到璧，派人送信给赵王，赵王召集全体大臣商议，大家都说，‘秦国贪得无厌，倚仗自己的强大，想用空话得到璧，说给我们十五座城恐怕不可能’。商议的结果是不想把璧给贵国。但是我认为，平民百姓之间的交往尚且互不欺骗，何况是大国之间呢？再说为了一块璧的缘故就使强大的秦国不高兴，也是不应该的。于是赵王斋戒了五天，派我捧上璧，在殿堂上把国书交给我。为什么要这样郑重其事呢？是尊重大国的威望以表示敬意呀！如今我来到贵国，大王却在普通的台观上接见我，礼节十分简慢。得到璧后，又让妻妾、侍从互相传看，以此来戏弄我。我观察大王没有给赵国十五座城的诚意，所以我又取回璧。如果大王一定要逼我，我的头今天就同璧一起在柱子上撞碎！”相如手持璧，斜视柱子，就要往柱子上撞去。

秦王怕他把璧撞碎，便向他道歉，坚决请求他不要这样，并安排有关人员查看地图，指明从某地到某地的十五座城都给赵国。相如估计秦王只不过是用欺骗的手段假装给赵国十五座城，实际上赵国根本就得不到，于是就对秦王说：“和氏璧是天下公认的宝物，赵王惧怕贵国，不敢不奉献出来。赵王送璧之前，斋戒了五天。如今大王也应该斋戒五天，在殿堂上安排九宾大典，我才敢献上璧。”秦王估量，毕竟不可能强力夺取，于是就答应斋戒五天，把相如安置在宾馆住下。

相如估计秦王虽然答应斋戒，也必定背约不给城，于是就派他的随从穿上粗麻布衣服，怀中藏好璧，从小路逃出，把璧送回赵国。

秦王斋戒五天之后，就在殿堂上安排了九宾大典，宴请赵国使者蔺相如。相如到来后，对秦王说：“秦国从穆公以来的二十余位君主，没

◎相传为蔺相如故里的相立村（山西晋中）

有一个是切实遵守信约的，我实在是害怕被大王欺骗而对不起赵王，因此派人带着璧，走小路回到赵国了。秦国强大而赵国弱小，大王派遣一位使臣到赵国，赵国立即就把璧送来。如今凭着秦国的强大，请先把十五城割给赵国，赵国哪里敢留下璧而得罪大王呢？我知道欺骗大王是应该被诛杀的，我愿意接受汤镬之刑，只希望大王和各位大臣从长计议。”

秦王和大臣面面相觑，发出苦笑之声。有侍从要拉着相如去受刑，秦王说：“如今就算杀了相如，终归还是得不到璧，反而破坏了秦赵两国的交情，不如趁此好好款待他，放他回赵国，难道赵国会为了一块璧而欺骗秦国吗？”秦王最终还是在大殿上隆重地接见了相如，大礼完毕后，让他回国。

结果，秦国并没有把十五座城给赵国，赵国也没有把璧给秦国。

这就是成语“完璧归赵”的故事，这个故事再次表明，面对强大的秦国，燕赵的那些“感慨悲歌之士”，往往是置个人生死于度外的。

韩愈陵园

一个城市与1584条成语有关，这是令人惊诧的。更令人惊诧的是，有这么一个人，在他的一生中，居然创造了330个成语。这个人是谁呢？就是唐代的著名文学家韩愈（768—824）。

在黄河以北的河南省北部，有一个孟州市。在孟州市西15里，有一个韩家庄，这里就是韩愈的故乡。进了村庄往北走，有一座韩愈陵园。陵园始建于唐敬宗宝历元年（825），也就是韩愈去世的第二年。后来陵园被毁了，我们今天看到的这座陵园是明代重建的，但是韩愈墓前的那两棵柏树，还是唐代种下的，距今已有1200年的历史，世人称之为“唐柏双奇”。

韩愈是孔孟的忠实信徒。孟子讲：“故天将降大任于斯人也，必先苦其心志，劳其筋骨，饿其体肤，空乏其身，行拂乱其所为，所以动心忍性，曾益其所不能。”（《孟子·告子下》）这些话放在韩愈身上，可以说是再恰当不过了。

韩愈只活了57岁，但是52岁之前，他都是在忧患之中度过的。出生不久，母亲就去世了。三岁时，父亲也去世了。父母双亡的他，由长兄韩会和长嫂郑氏代为抚养。但是九岁的时候，长兄韩会也去世了，由长嫂郑氏独自抚养。

成年之后，韩愈去长安参加由礼部主持的进士考试，一连考了三次，三次都名落孙山，直到第四次才考上。接着又参加由吏部主持的制科考试，又是三次名落孙山。在唐代，没有通过吏部的考试是没有官做的。为了求官，他给宰相上书，毛遂自荐，但是一连上了三次，也没有引起宰相的重视。为了养家，他只有去给人家当幕僚。一直到 34 岁，他才到国子监当了一名博士，第二年升监察御史，但是第三年就因为弹劾赃官李实而贬为阳山县（在今广东）令。

韩愈为人正派，敢于直言，先后四次被贬。一直到 52 岁，他的仕途才顺利起来，官至吏部侍郎，因此世人称他为韩吏部。

韩愈虽然大半生坎坷，但是功绩卓著。关于他一生的功绩，苏轼在《潮州韩文公庙碑》一文中有一个总结：

> 文起八代之衰，而道济天下之溺；忠犯人主之怒，而勇夺三军之帅。

第一句，是说古文自汉代以后开始衰落，历三国、西晋、东晋、宋、齐、梁、陈、隋八代，至韩愈才重新振起。

第二句，是说儒家的道统自周公、孔子、孟子、荀子、扬雄之后，中断已久，天下人道德沦丧，有如溺于水中，而韩愈则把这个道统承接下来，拯救了天下人。例如后来人们就称他为韩子，让他配享孔庙。

第三句，是说他在 51 岁那一年，为了谏迎佛骨，敢于冒犯唐宪宗，言天子信佛，反倒短命，被贬为潮州刺史。

第四句，是说他在穆宗长庆年间，只身赴镇州（今河北正定），大义凛然，义正辞严，制止了军阀王廷凑的叛乱，维护了中央政府的权威。

除了第二句有点夸张，另外三句都是符合事实的。

通常认为，韩愈在文学方面的贡献，主要体现在两个方面：一是倡导古文，反对骈文，写作了大量脍炙人口的文章；二是以文为诗，以奇险为美，开启了“韩孟诗派”。需要强调的是，韩愈还是一位语言大师。据朱熹统计，韩愈一生创造了 330 个成语，例如我们熟悉的不平则鸣、悲天悯人、痛定思痛、愤世嫉俗、虚张声势、落井下石、坐井观天、异曲同工、一落千丈、一举成名、飞黄腾达、千钧一发、层出不穷、变幻莫测、先睹为快、触目惊心、耳濡目染、含英咀华、浑然天成、深谋远虑、雷厉风行、继往开来、大展宏图等，都出自韩愈之手（《朱文公校昌黎先生集》40 卷）。

韩愈为什么会创造这么多成语？我想至少有三个方面的原因：一是大半生坎坷，经历丰富，熟悉生活，洞察人性；二是博览群书，所谓“口不绝吟于六艺之文，手不停披于百家之编”（韩愈《进学解》），而且记忆力惊人，能“日记数千言”；三是创新能力和概括能力超强。

欧阳修在《新唐书·韩愈传赞》中说：

> 自愈没，其言大行，学者仰之如泰山、北斗云。

◎韩愈雕像（河南孟州）

冀

荷花淀派

冀州既是一个“感慨悲歌”之地，也是一个文采风流之乡。中国第一流的古文家韩愈、第一流的边塞诗人高适、第一流的山水田园诗人王维、第一流的戏剧家关汉卿、第一流的小说家曹雪芹等，都诞生在这块土地上。他们以自己的热情、灵感和生花妙笔，描绘了一幅又一幅历史的画卷，谱写了一曲又一曲人生的悲歌。

20 世纪以来，冀州的文学也是可圈可点的。我这里只讲两个著名的现代文学流派，一是以孙犁为代表的荷花淀派；一是以赵树理为代表的山药蛋派。

孙犁（1913—2002），河北省衡水市安平县孙遥城村人，青年时代在白洋淀边的同口镇教过小学，参加过当地的抗日救亡工作，从而领略了白洋淀的自然风光，熟悉了当地的风土人情。1944 年到延安，在鲁迅艺术文学院当教员，陆续发表了《荷花淀》《芦花荡》《嘱咐》等一系列短篇小说佳作。白洋淀是河北省境内最大的湖泊，孙犁以单纯、明净而富有诗意的笔墨，写出了白洋淀在抗日救亡中坚毅而美丽的灵魂。他是白洋淀最出色的歌者，人们一提起孙犁，就想到了他的“白洋淀”。

我们且看他的代表作《荷花淀》开头的一段：

月亮升起来，院子里凉爽得很，干净得很，白天破好的苇眉子潮润润的，正好编席。女人坐在小院当中，手指上缠绞着柔滑修长的苇眉子。苇眉子又薄又细，在她怀里跳跃着。

白洋淀的女人既美丽、勤劳，又机智、勇敢，她们既能在月光下编席子，又能驾着小船去白洋淀里打鬼子。我们再看这一段描写：

她们奔着那不知道有几亩大小的荷花淀去，那一望无际的密密层层的大荷叶，迎着阳光舒展开，就像铜墙铁壁一样。粉色荷花箭高高地挺出来，是监视白洋淀的哨兵吧！

孙犁写白洋淀军民的抗日斗争，不是写得风云满纸、硝烟弥漫，而是写得很有诗意。他的小说被称为“诗意小说”。事实上，以白洋淀生活为题材的作品，并不是孙犁创作的全部，他后来还写过冀中平原的生活，也写过冀西山区的生活。但是，无论他写哪里，都有着荷花淀的明丽色彩和清新气息，都有一种诗情画意。

◎白洋淀景区的孙犁像（河北雄安新区）

为什么会这样？这自然与作家的个性、气质有关，但是还有一个不可忽视的原因，就是孙犁所接受的某些古代作家的深刻影响。孙犁于唐宋古文，更喜欢柳宗元和欧阳修，而不是韩愈和苏轼；于明清小说，更喜欢《聊斋志异》和《红楼梦》，而不是

《三国演义》和《水浒传》。也就是说，他更喜欢简洁、柔美和诗意，而不是那种汪洋恣肆。他写小说是这样，写散文也是这样。

1949年进城以后，孙犁主编《天津日报·文艺周刊》，以此为园地，他培养了一批有志于文学创作的青年。他从来稿中细心发现人才，通过改稿、通信、交谈、办讲习班、讲课、在发表他们的作品时加"编者按"等形式，坚持不懈地对这些青年作者进行创作指导，这其中就有后来成为荷花淀派骨干的刘绍棠（北京通州人）、从维熙（河北玉田人）、韩映山（河北高阳人）和房树民（北京通州人）。刘绍棠回忆说:"是孙犁同志的作品，唤醒了我对运河家乡的母子连心的深情，打

开了我认识生活和表现生活的美学眼界。”（刘绍棠《开始了第二个青年时代》）韩映山也回忆说：“五十年代初，开始写作时，由于受作家孙犁同志的影响和指导，知道文学是要写生活、写人的。……美是应该追求的，但美不应该是孤立的，她是和时代环境相关联的。”（韩映山《绿荷集·后记》）于是以孙犁为中心，以《文艺周刊》为阵地，荷花淀派就这样形成了。这些人在 20 世纪 50 年代就显露出文学才华，至 20 世纪 80 年代，就都成了在全国有影响的小说家。

如果用一句话来概括荷花淀派的特色，就是“诗情画意之美”。

◎白洋淀（河北雄安新区）

赵树理（1906—1970）是山西省晋城市沁水县尉迟村人，出身于贫苦农民家庭。1925年考入山西省立长治第四师范，读书期间受“五四”新文学的影响，写过新诗和小说。1937年开始投身于抗日救亡运动，当过区长，编过报纸副刊，发表过《小二黑结婚》《李有才板话》《李家庄的变迁》《邪不压正》等许多反映农村生活、深受广大群众欢迎的小说。

赵树理在师范读书期间的文学创作有某些“欧化”倾向，经过长期的探索和思考，从1934年开始，他走上了一条通俗化的道路，发誓“要为百分之九十的群众写点东西”，并终身履行自己的承诺。我们且看他的代表作《小二黑结婚》的开头一段：

> 刘家峧有两个神仙，邻近各村无人不晓：一个是前庄上的二诸葛，一个是后庄上的三仙姑。二诸葛原来叫刘修德，当年作过生意，抬脚动手都要论一论阴阳八卦，看一看黄道黑道。三仙姑是后庄于福的老婆，每月初一十五都要顶着红布摇摇摆摆装扮天神。

赵树理的小说在艺术上有这样三个特点：

一是语言朴素，自然，明朗，有节奏感，耐人寻味。他善于收集民间土语，但是拒绝偏僻的方言，目的就是要让“百分之九十的群众”

看得懂，听得懂。他因此被称为“一个语言大师”“一个地道本色的农民语言大师”。（杨义《中国现代小说史》）

二是善于讲故事。赵树理的每一篇小说，都有一个娓娓动人的故事，他也因此被称为“讲故事的好手”。

三是有着浓郁的晋东南乡土民俗色彩。当地人的田间劳作和农家百艺，他们在窑洞里、土炕头、禾场上、槐树下的举止谈吐，还有二诸葛论阴阳八卦，三仙姑求神问病，李有才说快板，福贵当吹鼓手等等，他都写得惟妙惟肖、得心应手。

赵树理为什么能够在中国现代小说史上别树一帜？应该说，与他对乡土文化的熟悉，与他的多才多艺是分不开的。有一篇介绍他的文章这样讲：

> 他通晓农民的艺术，特别是关于音乐戏剧这一方面的。他参加农民的“八音会”，锣鼓笙笛没有一样弄不响；他接近唱戏的，戏台上的乐器件件可以顶一手。听了说书就能自己说，看了把戏就能自己耍。他能一个人打动鼓、钹、锣、镟四样乐器，而且舌头

◎赵树理像（山西沁水）

打梆子，口带胡琴还不误唱。

——王春《赵树理是怎样成为作家的》

赵树理以农民喜闻乐见的审美形式进行创作，深刻地影响了山西的一批作家如马烽（山西孝义人）、西戎（山西蒲县人）、孙谦（山西文水人）、胡正（山西灵石人）等，他们被称为“山药蛋派”。这个流派的共同特色，就是山西农村的乡土气息。

山西盛产山药蛋，也就是土豆，又称马铃薯。山药蛋生长在地下，浑身是土，但是品质优良，山区农民不仅拿它当主食，还可以花样翻新地把它加工成多道菜，办一桌山药蛋席。人们把赵树理这派作家称作“山药蛋派”，实际上是透着亲切。1958 年，由中国文联主办的《文艺报》第十一期出了一期《山西文艺特辑》，对赵树理、马烽、西戎、孙谦、胡正等人的作品作了一个总的评述，并给予了充分的肯定。于是“山药蛋派”作为一个现代小说流派，得到全国文艺界的公认。

兖州

兖州故地多圣人

兖州上

兖州在《禹贡》九州中排序第二，但是我在这里要强调一下，大禹治水，实际上是从兖州开始的，仅仅因为冀州是帝都所在地，《禹贡》才把冀州排在第一，把兖州排在第二。

大禹治水为什么要从兖州开始呢？因为兖州地处黄河的下游。《尚书 · 禹贡》说：

> 济河惟兖州。

“济”指济水，“河”指黄河，所谓“东南据济，西北距河”，也就是说，兖州东南跨济水，西北至黄河。济水是一条古老的河流，发源于河南省济源市西边的王屋山，它在河南境内叫兖水，在山东境内叫济水。

兖是何意？《尔雅 · 释地》解释说：

◎孔府（山东曲阜）

济河间其气专质，厥性信谦，故曰兖。兖，信也。

刘熙《释名》则认为，兖州是因兖水而得名的。

由于兖州地处黄河下游与济水中下游，地势最低，水患也最严重，因此大禹治水就从兖州着手。在今天的山东省济宁市兖州区，不仅有大禹广场、大禹公园、大禹治水群雕，还有以《禹贡》九州命名的九条路，即冀州路、兖州路，青州路、徐州路、扬州路、荆州路、豫州路、梁州路、雍州路，还有一条大道叫“九州大道”。这样系统地以《禹贡》九州来命名城区的主要道路，在中国其他城市似乎没有。这说明大禹治水的传说在兖州这个地方可谓深入人心。

《禹贡》兖州的范围，相当于今河北省东南部、河南省东北部和山东省西北部，今山东德州、聊城、菏泽、济宁、泰安等城市，都属于《禹贡》兖州的范围。

兖州多圣人

有一句大家耳熟能详的话，叫“山东多圣人”，这话一点不假。山东的圣人，除了历代朝廷敕封的儒家五圣人，即孔子、颜子、曾子、子思、孟子，还有长期以来官民公推的五位圣人，即兵圣孙武、木圣鲁班、智圣诸葛亮、书圣王羲之、农圣贾思勰等，加起来至少有十位圣人。

那么，山东的这些圣人，在《禹贡》九州中属于哪个州呢？兵圣孙武出生在今山东惠民，农圣贾思勰出生在今山东寿光，惠民和寿光都在《禹贡》青州的范围。诸葛亮出生在今山东临沂的沂南县，王羲之出生在今山东临沂的城区，临沂在《禹贡》徐州的范围。鲁班是春秋鲁国人，他具体出生在鲁国的什么地方，史籍没有记载，但肯定属于《禹贡》兖州的范围。至于儒家五圣人，至圣孔子、复圣颜子和述圣子思都出生在山东曲阜，宗圣曾子出生在山东嘉祥，亚圣孟子出生在山东邹城。曲阜、嘉祥、邹城，都在《禹贡》兖州的范围。山东十位圣人中，兖州就有六个。因此“山东多圣人”这句话，说得更具体一点，在古代就是“兖州多圣人”，在今天就是“济宁多圣人”。

古代的兖州为什么多圣人呢？前人对这个问题似乎缺乏研究，我从地理的角度提出一点初步的意见，供大家参考。

我们知道，圣人，就是在道德、思想、学问等方面表率天下的人，或者在某个专业领域达到

◎孔庙大成殿（山东曲阜）

最高境界并为天下所师法的人。《孟子·尽心下》说：

> 大而化之之谓圣，圣而不可知之之谓神。

圣人的特点就是大，大就是“充实而有光辉”。圣人不仅能大，并且能“大而化之”，也就是能融会贯通。但圣人是可知的、可学的，如果不可知、不可学，那就是神了。圣人不是神，他们同样食人间烟火。《孟子·尽心上》说：

> 孔子登东山而小鲁，登泰山而小天下。故观于海者难为水，游于圣人之门者难为言。

孔子登上东山，就觉得鲁国很小；登上泰山，就觉得天下很小。这就是登高望远的效果。站得高，才能望得远，才能眼界阔、胸襟宽、格局大。东山是指哪座山？有人说是蒙山，在今山东省东蒙县南；还有人说是峄山，在今山东省邹城市境内。蒙山和峄山都是山东境内较高的山，但不是最高的山，最高的山是泰山。

我过去认为，兖州之所以多圣人，是因为这些圣人都离泰山不远，他们都登过泰山，都能站得高、看得远，都有一种“小天下”的胸怀和气度，都能以天下为己任。但是后来我又想到，泰山只是在山东境内最高，在中国境内并不算最高。也就是说，兖州之所以多圣人，应该还有别的原因。

◎乾隆皇帝御题的杏坛牌匾（山东曲阜）

什么原因呢？从地理的角度来看，就是气候和土壤。兖州这个地方的气候条件非常好，属于温带季风气候，四季分明。这里的土壤也非常好，是《禹贡》九州中唯一的“黑坟”土。所谓“黑坟”，就是黑色而肥沃。气候非常好，土壤也非常好，因此这里的农作物都很茂盛，自古以来就是最好的农业区，只要没有战争或其他不可抵御的自然灾害，这里的人们就可以衣食无忧。由于大多数年份都衣食无忧，因此孔子、曾子、子思、孟子这些学者，就有充裕的时间和精力思考人类所面临的大问题，思考那些带有普遍性的人际关系问题；或者像鲁班那样，思考那些技术上的重要问题。反过来讲，如果学者不能衣食无忧，就会关注一些很具体、很琐碎的例如柴米油盐之类的问题，就达不到普遍性的高度，也达不到理性的高度。

宗圣曾子

在儒家五圣中，孔子是“至圣”，颜子是“复圣”，曾子是“宗圣”，子思是“述圣”，孟子是“亚圣”。这五位圣人留下了哪些著作呢？

孔子一生“述而不作”，相传他整理了《诗》《书》《礼》《乐》《易》《春秋》等古文献，儒家称为“六经”。孔子的思想主要体现在《论语》这本书里，但是《论语》并非孔子所作，而是他的门人曾子主持编纂的。

颜子名颜回，他是孔子最得意的弟子，居孔门七十二贤之首。此人素以“德行”著称，所谓“一箪食，一瓢饮，在陋巷，人不堪其忧，回也不改其乐”。(《论语 · 雍也》) 但是他不幸早逝，没有留下任何著述。

子思名孔伋，是孔子的孙子，曾子的弟子，相传《礼记》中的《中庸》这一篇就是他写的。

孟子是子思的再传弟子，《孟子》这本书，就是孟子和他的弟子共同完成的，但主要作者是他本人。

在儒家五圣中，著述最多的是曾子，他不仅和他的弟子一起编纂了《论语》，还著有《礼记》中的《大学》这一篇，还著有《孝经》和《曾子十篇》。曾子是孔子思想的正宗传人，因此被称为“宗圣”。但是长期以来，人们对孔子、孟子都很熟悉，对曾子则比较陌生，因此我要重点讲一讲曾子。

曾子（前 505—前 435），名参，字子舆，

◎宗圣殿（山东嘉祥）

春秋末年鲁国南武城人，也就是今山东省嘉祥县人。他的父亲曾点是孔子的早期弟子。曾子七岁的时候开始跟随父亲读书识字，年龄稍大一点就开始参加生产劳动，例如砍柴、耕地、驾车等。17 岁开始师从孔子，跟随孔子到过楚国和卫国，前后长达六年。23 岁开始在家乡南武城设教讲学，后来又到越国、卫国讲学。孔子之后，其弟子设教讲学者不乏其人，但是真能完整地传授孔子思想的只有曾子一人。在“孔子——曾子——子思——孟子”这个儒家思想的传承链条中，曾子是一个非常重要的承上启下的人物。

据《论语 · 先进》记载，孔子对曾子的最初印象是“参也鲁”。所谓“鲁”，就是迟钝的意思。但是他没有想到，正是这个迟钝的弟子，后来成了他的托孤之人。

原来，孔子的儿子孔鲤死得很早，孔子还在世的时候，孔鲤就死了。于是孔子在临终之际，就把年仅四岁的孙子孔伋托付给曾子。

孔子为什么要把幼小的孙子托付给曾子呢？我认为至少有两个原因：

第一，他认为曾子质朴、厚道、孝顺，品德高尚，所谓“参中夫四德者也”（《孔子家语·弟子行》）。“四德”，就是孝、悌、忠、信。

第二，他认为曾子能够准确而深刻地领会他的思想，是他最优秀的弟子和传人。孔子有一次对曾子说：

> 参乎！吾道一以贯之。
>
> ——《论语·里仁》

孔子说：“曾参啊！我的思想贯穿着一个基本概念。”曾子回答说：“是的。”这个基本概念是什么呢？曾子说：

> 夫子之道，忠恕而已矣。
>
> ——《论语·里仁》

什么是“忠”？用孔子的话来讲，就是“己欲立而立人，己欲达而达人”。自己要有所建树、有所成功，同时也要使别人有所建树、有所成功。什么是“恕”？用孔子的话来讲，就是“己所不欲，勿施于人”。自己不想要的，就不要推给别人。

通常认为，孔子的思想虽然很丰富，但是归纳起来，就是一个“仁”字。这个“仁”字，是一个“人”字旁加一个“二”字，其实就是讲人与人之间的关系。说到人与人之间的关系，如果能够做到“己欲立而立人，己欲达而达人”，能够做到“己所不欲，勿施于人”，这就是“仁”，也就是“忠恕”。因此曾子把孔子的思想用“忠恕”二字加以归纳，可以说是非常准确的。

后来的事实充分证明，孔子把自己的孙子孔伋（子思）托付给曾子，这是非常具有远见的。曾子没有辜负孔子对他的期望，他不仅把孔伋培养成为儒家的另一位圣人，他本人也在完整地传承孔子思想的同时，建立了自己的一套思想体系。曾子的思想主要体现在以下两个方面：

第一，以孝为本。

曾子在孔子的基础上，把“孝”作为“天下之大经”，构建了一个“孝”的理论体系，其内容非常丰富。我这里只讲跟我们有密切关系的三点。

一是要爱惜生命，保全身体。孔子说：

> 身体发肤，受之父母，不敢毁伤，孝之始也。
>
> ——《孝经·开宗明义章》

曾子对此作了进一步的发挥。他说：

> 身者，亲之遗体也。行亲之遗体，敢不敬乎？
>
> ——《大戴礼记·曾子大孝》

曾子又说：

> 父母全而生之，子全而归之，可谓孝

矣。不亏其体，可谓全矣。

——《大戴礼记·曾子大孝》

◎宗圣庙内的宗圣画像碑（山东嘉祥）

儿女的身体是父母给的，是父母的遗传，怎么能够不怀敬畏之心而加以爱惜和保全呢？父母完整地生下了儿女，儿女最终也要把自己的身体完整地、不受损伤地归还给父母。如果儿女不爱惜自己的身体，吸毒、酗酒、打架斗殴，或者通宵游戏娱乐，糟蹋自己的身体，这些都是让父母忧心的事，都是不孝。尤其是少数人，遇到困难或挫折就自杀，这更是让父母伤心的事，更是不孝。我在这里要强调一下，儒家是反对自杀的，因为自杀就是毁弃父母遗传的身体发肤，就是大不孝。

二是在孝敬父母方面，要做到以下五点：

孝子之事亲也，居则致其敬，养则致其乐，病则致其忧，丧则致其哀，祭则致其严。五者备矣，然后能事亲。

——《孝经·纪孝行章》

平时跟父母住在一起时，要尊敬父母，不能说那种不敬的话，更不能做那种不敬的事；父母老了，不仅要赡养他们，还要让他们在精神上感到快乐，不是给一点钱、买一点吃的穿的用的就完事；父母生病时，要守候在身边精心照顾，要忧伤，不能一边照看父母一边玩游戏；父母去世了，要认真办丧事，要悲哀，不能心不在焉，更不能请别人来哭丧；祭祀父母的时候要严肃，要有仪式感，不能穿着短裤、趿着拖鞋去烧香磕头。

三是发现父母有错误，不要盲从，要谏诤。曾子说：

> 故当不义，则子不可以不争于父，臣不可以不争于君。
>
> ——《孝经·谏诤章》

父母也是人，也会犯错误。如果发现父母错了，怎么办？也不能听之任之，要谏诤。不要以为谏诤就是不孝。如果国君犯了错误，做臣子的也应该谏诤。道理是一样的。忠孝，不是愚忠愚孝。

第二，修身为本。

大家都知道“修身齐家治国平天下”这句话，可是这句话最早是谁讲的呢？原来是曾子讲的。曾子讲：

> 古之欲明明德于天下者，先治其国；欲治其国者，先齐其家；欲齐其家者，先修其身；欲修其身者，先正其心；欲正其心者，先诚其意；欲诚其意者，先致其知；致知在格物。
>
> ——《礼记·大学》

简称格物、致知、诚意、正心、修身、齐家、治国、平天下，八个环节。在这八个环节中，哪一个最重要呢？修身。曾子强调说：

> 自天子以至于庶人，壹是皆以修身为本。
>
> ——《礼记·大学》

无论什么人，修身是根本。那么，如何修身呢？曾子讲了很多，我这里只讲最重要又最有独创性的两点：

其一是反省。

曾子曰：吾日三省吾身——为人谋而不忠乎？与朋友交而不信乎？传不习乎？

——《论语·学而》

“三省吾身”这句话就是这样来的。所谓三省，就是多次反省。反省什么呢？一是替别人办事是不是尽心尽力？二是跟朋友交往是不是诚实守信？三是老师传授给自己的学业是不是复习过了？曾子还说：

日旦就业，夕而自省思，以殁其身，亦可谓守业矣。

——《大戴礼记·曾子立事》

白天工作，晚上自我反省，以这种态度坚持终身，就可以称得上敬业了。

其二是“慎独”。曾子讲：

所谓诚其意者，毋自欺也，如恶恶臭，如好好色，此之谓自谦，故君子必慎其独也。

——《礼记·大学》

所谓“诚其意”，就是不要自己欺骗自己。要像厌恶腐臭的气味一样，要像喜欢美丽的女子一样，要“诚其意”。只有“诚其意”，内心才会满足。要做到“诚其意”，就必须慎独。哪怕是一人独处的时候，也一定要谨慎。

我认为，曾子的思想并不玄乎，他所讲的孝道、三省吾身、慎独等等，在今天看来，都有很重要的现实意义，而且都很好体会、很好实践。只要我们认真读一读他的书，然后去身体力行，我们就会提升自己的修养，做一个对父母尽孝道、对朋友讲诚信、对国家有贡献的人。

孟母三迁与宋江归降

儒家五圣中辈分最晚的一位圣人就是孟子，他是子思的再传弟子。他把孔子的以“仁”为中心的思想发展为“仁政”思想，主张行王道，主张性善论，主张重义轻利。由于他对儒学的重要贡献以及对后世的重要影响，他被尊为“亚圣”。

大家都知道，孟子之所以能取得这么大的成就，与他母亲的悉心培养是分不开的。他母亲最为人们所称道的，就是“孟母三迁”的故事。据汉代学者刘向所著《列女传》讲，孟子很小的时候，父亲就去世了，他是由母亲一手抚养大的。最初，他们的居处离墓地很近，于是孟子就去学人家办丧事，学人家下跪、痛哭。

◎三迁故址（山东邹城）

孟母认为，这里不是儿子应该居住的地方，于是就搬迁。搬到哪里呢？搬到了市场附近。这里有很多商贾和屠夫，于是孟子又去学习商贾、屠宰之事。孟母又觉得这里也不是儿子应该居住的地方，于是再搬迁。搬到哪里呢？搬到学宫旁边。这里每到初一、十五，就有许多官员来文庙祭祀孔子，行跪拜揖让之礼，进退有据，文质彬彬。孟子见了，就一一学习模仿。孟母认为，这里才是儿子应该居住的地方。于是母子俩就定居在这里了。

“孟母三迁”的故事，体现的是一个“择邻而处”的道理。俗话讲：行要好伴，住要好邻。这个道理大家都懂，不需要多讲。需要指出的是，在孟子那个时代，读书是少数人的事情，因此选择在学宫附近居住，是有这个条件的。在今天，读书是每个人的事情，如果大家都选择在学校附近居住，这是不可能的。今天许多人花高价去买所谓学区房，少数人确实买得起，多数人则不堪重负，压力山大。大家要明白一个道理：孟母的“择邻而处”，实际上就是孔子所讲的“里仁为美”。居住的地方有仁德就好，邻居有仁德就好，不一定都要住在学校附近。

可能有人会问，兖州出了儒家五圣，也出了宋江这样的人；兖州有孔府、颜府、曾府、孟府，也有水泊梁山，这岂不是与儒家思想、与孔孟之道相冲突吗？这又怎么解释呢？我认为，梁山上以宋江为代表的那些人，他们的“替天行道”，与儒家思想并不冲突。孔子和曾子都讲过，如果君主有过失，臣子是可以谏诤的。孟子甚至讲：

> *君之视臣如手足，则臣视君如腹心；君之视臣如犬马，则臣视君如国人；君之视臣如土芥，则臣视君如寇仇。*
>
> ——《孟子·离娄下》

宋江等人的造反，是因为“官逼民反”，也是因为皇帝昏聩，受了

©水泊梁山（山东梁山）

贪官的蒙蔽。因此他们的造反也是对君主的一种谏诤，只不过不是传统的文谏，而是武谏或者兵谏。但是，据《宋史·张叔夜传》记载，历史上的宋江最后是归降了朝廷的。小说中的宋江最后也归降了朝廷。小说中的宋江一再声明，“只反贪官，不反朝廷”。因为他不想背一个“不忠不孝”的名声。甚至在最后，贪官在皇帝赐给他的御酒里下了毒，他喝下了，死在旦夕，他还坚持这样表白：“我为人一世，只主张忠义二字。”“宁可朝廷负我，我忠心不负朝廷。”请问这种表白，不是儒家忠孝思想是什么？不是孔孟之道是什么？

兖州这个地方作为孔孟之乡，儒家的忠孝思想是根深蒂固的，即便是揭竿而起的英雄好汉，也深受儒家忠孝思想的影响，“只反贪官，不反朝廷”。孔孟之道与梁山英雄好汉的人生选择，从忠孝这个层面来讲，并不冲突。

李白杜甫在兖州

兖州下

兖州作为一个古老的地名，至今还在使用。从西汉到西晋，叫兖州刺史部；东晋十六国南北朝时期叫兖州，而且还有北兖州和南兖州；隋唐时期一度改兖州为鲁郡，但是很快又恢复过来；从唐肃宗乾元元年到元代末年又叫兖州；明清时叫兖州府。1962 年以来，先后叫兖州县、兖州市和兖州区。

这个兖州区的地位很重要。从隋唐到清代，它都是兖州的治所。一直以来，它吸引了许多诗人和学者的目光。唐代最伟大的诗人李白在这里安家 23 年，另一位伟大诗人杜甫也曾三次来过这里。

©兖州博物馆（山东兖州）

杜甫三到兖州

唐玄宗开元天宝之际，杜甫的父亲杜闲在兖州任司马，也就是兖州刺史的副手。兖州的州治在瑕丘县，也就是今山东省济宁市兖州区。正是在杜闲任兖州司马的这段时间，杜甫曾经三次到瑕丘。

据《杜甫年谱》记载，杜甫第一次到兖州是在开元二十四年（736），这一年他刚好25岁。一年前，杜甫参加了洛阳府试，但没有考好，落第了，于是他就开始漫游齐鲁。他先到兖州看望父亲，并且登上了兖州城楼，写了《登兖州城楼》这首诗：

东郡趋庭日，南楼纵目初。
浮云连海岱，平野入青徐。
孤嶂秦碑在，荒城鲁殿馀。
从来多古意，临眺独踌躇。

"东郡"是秦朝设立的一个郡，在汉朝属于兖州刺史部。"趋庭"是一个典故，来自《论语》，说是孔子的儿子孔鲤有一次趋而过庭。孔子问他："学诗乎？"他说没有。孔子说："不学诗，无以言。"一个人如果不学诗，连话都不会讲。后来"趋庭"就成了承受父教的代称。"南楼"就是指兖州城楼。"纵目初"，是说他自己第一次登上兖州城楼纵目远望。

那么，他在兖州城楼上看到了什么呢？他看到了浮云缭绕的"海岱"，也就是黄海和泰山；还看到了平原上的“青徐”，也就是《禹贡》青州和徐州。他还看到了邹县境内的峄山。当年秦始皇曾经登上峄山，并在此刻石立碑。他还看到了曲阜城里鲁灵光殿的断壁残垣。西汉时，鲁恭王在曲阜城里建了一座巍峨壮观的灵光殿。诗人看到“秦碑”“鲁殿”这些古迹，一种思古之幽情就油然而生。他想到当年的秦始皇和鲁恭王曾经那样风光，可是如今呢，早已化为历史的烟云，只留下断碑和残垣。那么，自己还要不要去追求功名呢？他拿不准，很“踌躇”，不知道下一步该怎么走。

这首诗，视野开阔，气势纵横，内涵丰富，感慨深沉，而且对仗工整，格律严谨，一看就是大诗人手笔，虽然那个时候他才 25 岁。

兖州当地的学者认为，杜甫的那一首被选入中学语文课本的《望岳》，也是在兖州写的。我问他：“你有依据吗？”他说：“当然有依据，请问杜甫在哪里望岳？不就在兖州城楼上吗？”我后来一想，也有道理。杜甫的这一首《登兖州城楼》，不就写到他站在城楼上可以望见“海岱”吗？“岱”，就是东岳泰山。那个时候的兖州和它的周围不像今天这样有这么多的高层建筑，因此站在兖州城楼上是可以望见泰山的。所不同的是，《望岳》这首诗写得很阳光，充满了青春的朝气：

岱宗夫如何，齐鲁青未了。
造化钟神秀，阴阳割昏晓。
荡胸生曾云，决眦入归鸟。
会当凌绝顶，一览众山小。

可谓壮志凌云、气吞山河，不像《登兖州城楼》那首诗，虽然也有气势，但多少有些“踌躇”或茫然。因此我认为，即便如兖州学者所说，《望岳》也是在兖州写的，但是和《登兖州城楼》的写作不是在同一个时间。

事实上，杜甫到兖州，也不止一次。根据《杜甫年谱》的记载，

◎少陵台（山东兖州）

以及有关作品提供的线索，杜甫到兖州至少有三次：第一次是在开元二十四年（736），第二次是在开元二十八年（740），第三次是在天宝四载（745）。在今天的兖州城里，还保留着一处古迹，叫“少陵台”。

据当地文史资料记载，明洪武十八年（1385），兖州升格为兖州府，兖州城向南扩建。当地人为了纪念杜甫，就保留了杜甫曾经登楼赋诗的那一段城墙，并把它改建成一座台，称“少陵台”。还在台上建了一座八角亭，亭上悬挂一块匾额，写着“南楼旧址”四个字。清代的时候，又在亭子里竖了一块石碑，上面刻着杜甫的《登兖州城楼》这首诗。2015 年，“少陵台”被山东省人民政府认定为省级文物保护单位。

杜甫三次到兖州，第一次和第二次是为了看望父亲，第三次除了看望父亲，还有一个目的，就是与另一位伟大诗人李白会晤。

李白安家兖州

李白一生漫游四方，在许多地方都留下了他的足迹，但是待的时间都不长，只有三个地方是待得比较长的。一是绵州昌明县（今四川江油市），二是安州安陆县（今湖北安陆市），三是兖州瑕丘县（今山东济宁市兖州区）。今天的江油和安陆都因为李白而成为旅游热点城市，而兖州却鲜为人知。因此我要讲一讲李白在兖州。

李白为什么要安家兖州呢？这还得从他的“酒隐安陆”说起。

李白从小就崇拜他的同乡前辈司马相如，为了看司马相如在《子虚赋》中描写的云梦泽，他于唐玄宗开元十四年（726）到了安州的安陆县，这里是古云梦泽的一部分。第二年，由于天赐良缘，他又在安陆和已故宰相许圉师的孙女结婚。六年之后，他在安陆境内的白兆山桃花岩下建了一所石头房子，在那里开荒种地，读书写诗。白兆山的风景很美，他和许夫人的感情也很好，他们生了两个孩子，大的是女孩，叫平阳；小的是儿子，叫伯禽。唯一令他感到失望的，就是兼济天下的理想在这里难以实现。安州两任长史都由于世俗偏见而不肯推荐他，素有爱才之名的荆州长史韩朝宗也因为同样的原因不肯推荐他。许夫人因病去世之后，他就没有理由继续留在安陆了。开元二十八年（740）五月，他带着一双儿女离开了安陆。去了哪里呢？兖州瑕丘，也就是今山东省济宁市兖州区。

过去的李白研究专家都说他“寓家任城”，依据之一，大概就是《旧唐书 · 李白传》中的这两句话：

> 父为任城尉，因家焉。

其实这个做任城县尉的并非他父亲，而是他叔叔，有他的《对雪奉饯任城六父秩满归京》这首诗为证。李白在诗题中称这位叔叔为“六父”，在诗中又称他为“季父”，可知是他最小的叔叔。这首诗的最后两句说：

> 何时竹林下，更与步兵邻。

这两句用的是“竹林七贤”的典故。“竹林七贤”中有两个姓阮的，人称大阮和小阮。大阮是叔叔阮籍，由于当过步兵校尉，人称“阮步兵”，小阮是亲侄阮咸。李白拿阮籍、阮咸叔侄来比喻这位“六父”和自己的关系，可见他们应该是亲叔侄关系。

“六父”这个关系对李白很重要，如果没有这个关系，李白恐怕不会有移家兖州的念头。但是请注意，李白这首诗表明，在他写这首诗的时候，这位“六父”在任城的任期已满，正要启程回长安了。那么，他在任城县尉的任期之内对李白有什么关照？由于文献记载缺乏，我们不得而知。一个不争的事实是，李白并没有把家安在兖州任城县，而是安在了兖州的治所瑕丘县。这是为什么呢？

一个最接近事实的推测是，李白当初决定移家兖州时，他这位“六父”还在任城县做县尉，但是等他到达任城之后不久，“六父”的任期就满了，要回长安了。因此他只是在任城小住了一段时间。等“六父”离开任城之后，他就到了兖州的治所瑕丘县，并且最终把家安在了瑕丘。

李白为什么在“六父”离开任城之后，把家安在了瑕丘呢？他在瑕丘有什么关系？兖州当地的学者说，他在瑕丘的关系，就是在瑕丘任兖州司马的杜闲，也就是杜甫的父亲。

我认为，兖州当地学者的这个说法属于一种推测，但是这种推测也不能说没有一定的依据。虽然在李白现存的诗文当中并没有涉及杜闲的文字，杜闲本人也没有文字留传下来，但是杜闲毕竟出生在诗人世家，他的父亲杜审言是初唐著名诗人，他的儿子杜甫虽然这个时候还不著名，但是很有实力。作为诗人之子与诗人之父的杜闲，他应该是知道李白这位大诗人的。如果利用自己的身份和权力，邀请李白在兖州的治所瑕丘县安家，并为他提供力所能及的帮助，这无疑是一个善举。而且今后自己的儿子杜甫到兖州来，也可以和这位大诗人交流。这对儿子的成长不是很有意义吗？

那么，李白的家究竟在瑕丘的什么地方呢？据他的多首作品所提供的线索以及有关学者的考证结果来看，就是“沙丘”。请看他的有关作品：

> 我来竟何事，高卧沙丘城。
>
> ——李白《沙丘城下寄杜甫》

> 我家寄在沙丘旁，三年不归空断肠。
>
> ——李白《送萧三十一之鲁中兼问稚子伯禽》

那么，沙丘又在哪里呢？据万历《兖州府志》记载：“沙丘，在宗鲁门外。”宗鲁门就是兖州治所瑕丘城的东门。乾隆《兖州府志》说得更具体：“沙丘，在城东二里，黑风口西。”

李杜在兖州的兄弟情谊

那么，李白和杜甫这两位诗人究竟有没有如杜闲所愿，在兖州瑕丘城相见并成为好朋友呢？答案是肯定的。

李白杜甫初次见面是在天宝三载（744）的夏天，地点在洛阳。这年秋天，他们又在开封见面了，而且还认识了高适。李、杜、高三位诗人同登吹台，成为文学史上的一段佳话。

第二年，也就是天宝四载（745）的秋天，李白杜甫又见面了，地点则在兖州，而且相处的时间还不短，并由此结下了兄弟般的深厚情谊。请看杜甫的《与李十二白同寻范十隐居》：

李侯有佳句，往往似阴铿。
余亦东蒙客，怜君如弟兄。
醉眠秋共被，携手日同行。
更想幽期处，还寻北郭生。
……

“东蒙”的“蒙”，即蒙山，在兖州东边。杜甫这个时候随父亲住在兖州，因此自称“东蒙客”。所谓“醉眠秋共被，携手日同行”，肯定不是指一天之内发生的事情，而是指一段时间内经常发生的事情。李白比杜甫大十一岁，视他如小弟；杜甫对李白则既崇拜，又怜爱，感觉这位兄长不仅诗写得好，而且风度翩翩，谈吐不凡，非常有魅力，于是就和他朝夕相处。两人喝醉之后，就挤在一张床上睡觉，同盖一条被子；醒了之后，又携手同行，无话不谈。有一天，他们谈到了将来共同隐居的事，这让李白突然想起了住在城北的那位范居士，于是就带着杜甫去拜访他。

李白也写到了这件事。他的《寻鲁城北范居士失道落苍耳中见范置酒摘苍耳作》这首诗，比杜甫写得更具体。

过了一些时日，杜甫要走了，他要回洛阳。李白在瑕丘城东郊的石门为他摆酒饯行，还写了一首情谊深厚的诗送给他：

醉别复几日，登临遍池台。
何时石门路，重有金樽开。
秋波落泗水，海色明徂徕。
飞蓬各自远，且尽手中杯。

——李白《鲁郡东石门送杜二甫》

“鲁郡”就是兖州。《旧唐书·地理志》记载说，“天宝元年，改兖州为鲁郡。乾元元年，复为兖州”。“石门”，在兖州城东郊的泗水上，

◎金口坝（山东兖州）

如今还在，叫金口坝。“石门”附近有一座尧祠，尧祠大门前有一对跪着的石人。还有酒楼，酒楼里每天都有歌舞表演。来来往往的车马行人很多，很热闹。李白当年在兖州时，就经常在这里摆酒送客，或者为朋友接风。“徂徕”就是徂徕山，在兖州的东北部，离兖州城一百多里，但是在兖州城东边的石门可以看得到。从“登临遍池台”这一句，可知他们这一次相处的时间是比较长的，把兖州一带的池台都登遍了。正由于这一次相处的时间长，两人结下了兄弟般的深厚情谊，所以当杜甫要走时，李白就很不舍，很惆怅，他问杜甫：什么时候你再来兖州，我在这里为你接风呢？

遗憾的是，这一次离别之后，李白杜甫这一对唐代诗坛的双子星就再也没有见过面。人们常讲“文人相轻，自古而然”，可是李白杜甫不是这样，他们打破了这一魔咒。他们是千古知音，相见恨晚，惺惺相惜。自从这一次离别之后，他们一直相互思念和牵挂到老。

天宝五载（746）秋天，也就是杜甫走了整整一年之后，李白因为思念杜甫，又写了一首诗，这首诗更加情谊绵长：

我来竟何事，高卧沙丘城。
城边有古树，日夕连秋声。
鲁酒不可醉，齐歌空复情。
思君若汶水，浩荡寄南征。

——李白《沙丘城下寄杜甫》

汶水是山东境内的一条河，源出莱芜，西入济水。李白把他对杜甫的思念比作浩荡的汶水，由此可见他们的友谊之深长。

李白曾说自己“酒隐安陆，蹉跎十年”，他是有些不甘心的。移家兖州的头一年（740），他也曾求人引荐，但是仍然没有结果。这一年冬天，他结识了韩准、裴政、孔巢父、张叔明、陶沔等人。第二年，他们就相约在兖州东北部、离瑕丘百余里的徂徕山隐居，号称“竹溪六逸”。

第三年（742）秋天，唐玄宗的诏书到达，李白奉命进京。临行之前，他回到瑕丘家中与孩子告别，还写了一首脍炙人口的《南陵别儿童入京》：

> 白酒新熟山中归，黄鸡啄黍秋正肥。
> 呼童烹鸡酌白酒，儿女嬉笑牵人衣。
> 高歌取醉欲自慰，起舞落日争光辉。
> 游说万乘苦不早，著鞭跨马涉远道。
> 会稽愚妇轻买臣，余亦辞家西入秦。
> 仰天大笑出门去，我辈岂是蓬蒿人。

“南陵”在曲阜的南边，离瑕丘县城很近，这里陵墓成群，又叫“陵城村”，李白有田地在这里。可能有人会问：李白入京，为什么只和儿童告别，而不同时和夫人告别呢？其实诗里已经写得很明确了，这个夫人并不贤惠，而且很愚蠢，就像汉代会稽人朱买臣的夫人一样。在这里，我要顺便讲一讲李白的婚姻和子女。

李白一生有过四次婚姻。开元十五年

（727）在安陆与已故宰相许圉师的孙女结婚，许氏生有一女一男，女孩叫平阳，男孩叫伯禽。许氏去世之后，李白与刘氏结合，时间大约在开元二十七八年。刘氏可能不是正娶，不久就离他而去，李白携一女一男移家兖州。天宝元年（742），李白与“鲁一妇人”结合，生一男，名天然（小名颇黎），后离异，天然随母。后来又在宋城（今河南商丘）与已故宰相宗楚客的孙女结婚。宗氏住在宋城，没有到兖州和许夫人的两个孩子一起生活，她自己也没有生孩子。她和李白的感情是很好的，李白因李璘事件入狱之后，宗夫人到处托关系设法营救。她在思想上也深受李白的影响，后来上庐山做了道姑，还是李白亲自送她去的。

李白这首诗里所说的“会稽愚妇”，就是指“鲁一妇人”。她和李白离异之后，就把自己生的儿子天然带走了，扔下许夫人生的两个孩子不管。

李白无论是在长安供奉翰林，还是在全国各地漫游，总是惦记在兖州的两个孩子，他的这份深沉的父爱在许多作品里都有体现。例如《寄东鲁二稚子》：

吴地桑叶绿，吴蚕已三眠。
我家寄东鲁，谁种龟阴田？
春事已不及，江行复茫然。
南风吹归心，飞堕酒楼前。
楼东一株桃，枝叶拂青烟。
此树我所种，别来向三年。
桃今与楼齐，我行尚未旋。
娇女字平阳，折花倚桃边。
折花不见我，泪下如流泉。
小儿名伯禽，与姊亦齐肩。

双行桃树下，抚背复谁怜？

念此失次第，肝肠日忧煎。

裂素写远意，因之汶阳川。

这是天宝六载（747），李白在金陵的时候写的。通过这首诗，我们得知李白在兖州是有“口分田”的，也就是诗里所讲的“龟阴田”。这是出自《左传·定公十年》的一个典故：“齐人来归郓、讙、龟阴之田。”“口分田”就是户籍田，这说明李白在兖州是有户籍的，他是一个真正的兖州人。而他在安陆是没有“口分田”的，他的田是他自己在白兆山桃花岩下开垦出来的。他在安陆没有户籍，所以许夫人死了不久，他就离开安陆了。

当然，这首诗最令人感动的，是他对一双儿女的牵挂和愧疚。江南一带已是春夏之交，可是他却不能回兖州种地，也不能照看一双儿女。想到这两个留守儿童孤苦伶仃的样子，他为之肝肠寸断。

李白一生为功名奔波，功名不遂时他又很悲愤，借游山玩水来消遣内心的痛苦，所以他一生真正跟儿女在一起的时间是很少的，但是他一天也没有忘记这一对没娘的孩子。

李白的女儿平阳后来嫁人，但是不久就死了。

唐代宗宝应元年（762），李白在当涂（今安徽马鞍山）去世，伯禽从兖州赴当涂，亲自埋葬了父亲。由于他们是外地人，在当涂没有土地，李白最初是埋葬在当涂一户居民的菜园里的。据范传正《唐左拾遗翰林学士李公新墓碑并序》记载，伯禽生有一儿两女。伯禽去世之后，他的儿子像祖父李白一样四处漫游，把两个妹妹放在家里。两个妹妹在当涂没有土地，衣食不保，最后都嫁给了当地农夫。

由此看来，伯禽在宝应元年（762）离开兖州之后，为了守护父亲的坟墓，就再也没有回兖州了。从开元二十八年（740）李白移家兖州瑕丘，到宝应元年伯禽离开这里，李白在兖州安家前后大约 23 年。

因此兖州才是李白安家最久的地方。他在这里留下了 30 多首著名诗篇，脍炙人口的《梦游天姥吟留别》就写在这里。在今天的兖州区，还有一处文学景观叫“青莲阁”，可以说是李白安家兖州的一个物证。

“青莲阁”位于兖州城东泗河西岸金口坝之北，也就是李白住宅所在地“沙丘”附近。阁为两层三间，砖木结构，硬山顶，前面设廊，内有木质楼梯、地板。阁内塑有李白及两个子女的雕像。二楼门口镌一副清道光年间当地县令冯云刚撰写的对联：

乘兴偶凭栏问泗水长流何殊昔日
欲吟还搁笔有先生在上不敢题诗

2015 年，“青莲阁”被山东省人民政府认定为省级文物保护单位。

◎青莲阁（山东兖州）

青州

信美东方第一州

青州上

青州何处？《尚书 · 禹贡》说：

海岱惟青州。

“海”即黄海和渤海，“岱”即泰山。意思是说，青州的范围，东北到黄海和渤海，西南到泰山，包括山东半岛和辽东半岛。

青州在地理上的典型特征，就是面山负海。宋代著名文学家苏辙的《送龚鼎臣谏议移守青州》一诗中有这样两句：

面山负海古诸侯，信美东方第一州。

关于青州的得名，比较权威的解释是：青州居东方，“其色为青，故曰青州”（参见《尔雅 · 释地》和《周礼 · 夏官 · 职方氏》）。还有人从阴阳五行

©蓬莱阁（山东烟台）

的角度解释，认为“东方属木，木色为青”，故名青州。这种解释也可以参考。

这里有三个问题需要说明一下：

第一，西汉、东汉和西晋时的青州刺史部并不包括辽东半岛，后来人们所讲的青州也不包括辽东半岛。

第二，从东汉时的青州刺史部，一直到明清时的青州府，其治所都在今天的山东青州市。

第三，青州的版图自东汉以来是不断变小的，东汉时的青州相当于今天的半个山东省，今天的青州只是潍坊市代管的一个县级市。因此我这里要讲两个青州，先讲大青州，再讲小青州。

所谓大青州，包括今山东省的威海、烟台、青岛、潍坊、东营、滨州、淄博、济南等城市。

大青州就是西周和春秋战国时期的齐国。在古代，往往“青齐”并举。齐国的开国之君叫齐太公，齐太公就是姜太公，本姓姜，名尚，据传其祖先曾辅佐大禹治水，有功，封于吕，又称吕尚。

青

太公钓鱼

说到姜太公，大家很快就会想到“太公钓鱼，愿者上钩”这个成语。姜太公在哪里钓鱼呢？在磻溪。磻溪在哪里？在今陕西省宝鸡市陈仓区磻溪镇。那里还有一个钓鱼台，就是纪念姜太公的。

司马迁说，姜太公是“东海上人”，也就是东部沿海一带的人，他怎么会跑到磻溪去呢？原来此人还有一段坎坷的经历。《韩诗外传》说：姜太公早年很穷，做了人家的上门女婿，临到老了，居然被人家赶出去了。他先去了朝歌，也就是商朝晚期的都城，在今河南省淇县，他在那里靠宰牛为生。后来又去了棘津，这是黄河的一个渡口，在今河南省延津县，他在那里给人家卖饮食。再后来又去渭水之滨的磻溪垂钓（《韩诗外传》卷八）。磻溪在商朝的诸侯姬昌的势力范围，姬昌就是后来的周文王。

一般人钓鱼都是用弯钩，弯钩上面挂着鱼饵。可是姜太公不一样，他钓鱼用的钩是直的，上面也不挂鱼饵，并且离水面有三尺高。他一边高高地举起钓竿，一边自言自语地说：“不想活的鱼儿呀，你们愿意的话，就自己上钩吧！”这就是“太公钓鱼，愿者上钩”这个成语的出处。

许多人都觉得不可思议，其实在今天看来，姜太公钓鱼，就是一种“行为艺术”，他的目的显然不在钓鱼，而在引起人们的关注。

果然就有许多好奇的人去看他，去问他，他

则笑而不答，吟唱自如。到了傍晚，就放下钓竿回到住所。他这种怪诞的行为一传十，十传百，最后就传到了姬昌那里。姬昌觉得这个人很古怪，想见一见他，就派士兵去叫他，姜太公根本不理会。姬昌又派官员去请他，姜太公还是不理会。姬昌觉得这个人可能是一个高人，就备上厚礼，亲自去磻溪拜访他。两人一交谈，果然千古知音。姬昌说：我的太公（祖父）早就说过，日后会有圣人到我们周国来，只有这位圣人来了，周国才会兴旺发达。这位圣人真的就是您吗？我的太公望您望了好久了！于是就称他为“太公望”，请他同坐一辆车回去，拜他为国师。

姜太公辅佐姬昌，把周国治理得很强大。姬昌死了之后，姜太公又辅佐姬昌的儿子姬发（周武王），灭掉了商朝，建立了周朝。周武王非常敬重他，称他为“师尚父”，既是国师，又是父辈。

周朝建立之初，商朝的残余势力还很大。尤其是在商朝的根据地，也就是在今天的山东一带，反周的势力还不小，那些东夷人并不“服

周”。周武王不敢掉以轻心，就把自己最信任的弟弟周公姬旦封在曲阜，建立鲁国；之后，武王的儿子成王又把“师尚父”姜太公封在营丘，建立齐国。齐鲁两国，最初是作为西周王朝在东方的两个重要屏藩而设立的。

鲁国在泰山南部，土地平坦而肥沃，是传统的农耕区；齐国在泰山北部，多山，濒海，土地贫瘠，是传统的渔猎区。如何治理这两个国家呢？周公和姜太公采取了不同的方针。周公治鲁，用的是“尊尊而亲亲”的方针，也就是任人唯亲，用周礼来治理当地夷人；姜太公治齐，用的是“尊贤而尚功”的方针，也就是任人唯贤，根据夷人的风俗来治理夷人。两个国家的地理环境不一样，两个开国之君的出生成长之地以及他们从小所接受的文化传统也不一样，周公是西部内陆地区的人，姜太公是东部沿海地区的人，这就使得这两个诸侯国走上了不同的道路。

鲁国在历史上存在了788年（前1043—前255），齐国在历史上存在了825年（前1046—前221）。齐国的825年历史又分为前后两个阶段：前660年的国君姓吕，称吕齐；后165年的国君姓田，称田齐。

《吕氏春秋》记载当年姜太公与周公互询治国之道，姜太公说：“尊贤上功。”周公说：“亲亲上恩。”姜太公说：“鲁国从此就会削弱了。”周公说：“鲁国虽然削弱，但是齐国最终不归姓吕的所有。”后来，吕齐确为田齐所取代，但是齐国却很强大，春秋时为五霸之首，战国时为七雄之一。鲁国则日渐削弱，每况愈下，最后被楚国所灭。

齐国的治国理念比鲁国要先进得多，有许多宝贵的经验值得很好地总结和借鉴。

青

管晏相齐

司马迁的《史记·齐太公世家》记载说：

> 太公至国，修政，因其俗，简其礼，通商工之业，便鱼盐之利，而人民多归齐，齐为大国。

这里总结了姜太公治齐的两条重要经验：一是“因其俗，简其礼”，也就是遵循当地的风俗习惯，简化那些繁琐的礼仪，在思想文化方面尊重东夷人的传统；二是“通商工之业，便鱼盐之利”，也就是着力发展工商业、渔业和制盐业，在经济上充分利用濒海地区的地理资源。其实还应该加上一条，“尊贤尚功”。也就是在用人方面不讲出身，不分亲疏贵贱，唯才是举，有功即赏。

这三条治国经验一直被齐国的统治者所继承，无论是吕齐还是田齐。以用人为例，像管仲、鲍叔、宁戚、司马穰苴、越石父等，都是出身低微的人，但是都得到齐国国君的重用。

说到管仲和鲍叔，还有一段千古佳话。

管仲是颍上（今安徽颍上县）人，从小和鲍叔是好朋友。鲍叔知道管仲是一个人才，两人在一起做生意的时候，总是让利给管仲。后来两人又一起去齐国做官，鲍叔辅佐公子小白，管仲辅佐公子纠。在公子小白与公子纠争夺齐国国君位置的过程中，管仲还参与了谋杀公子小白的行动。结果公子小白即位，是为齐桓公。公子纠失败被杀，管仲也被关进监牢，而鲍叔则成了功臣。但是鲍叔认为管仲的才干超过自己，就向齐桓公极力推荐管仲。齐桓公考虑到管仲确实富有实际工作经验，头脑又很灵活，于是不计前嫌，采纳了鲍叔的建议，起用管仲为相。管仲果然不负鲍叔之所望，尽心尽力辅佐齐桓公，使齐桓公得以成为春秋霸主，所谓“九合诸侯，一匡天下，管仲之谋也”。

管仲后来深有感触地说：我早年贫困时，曾与鲍叔合伙做生意，分钱的时候，我总是要多拿一点，鲍叔不认为我贪，“知我贫也”；我曾经为鲍叔出谋划策，可是却弄得我们两人更加贫困，鲍叔不认为我愚蠢，“知时有利不利也”；我曾经三次出来做官，三次被君主驱逐，鲍叔不认为我是一个不肖之徒，“知我不遭时也”；在战场上，我曾经三战三逃逸，鲍叔不认为我胆怯，“知我有老母也”；我和召忽一道辅佐公子纠，后来公子纠失败，召忽惭愧自杀，我却没有自杀，甘愿在牢里受辱，鲍叔不认为我无耻，“知我不羞小节而耻功名不显于天下也”。“生我者父母，知我者鲍子也”。

◎管仲墓（山东临淄）

鲍叔推荐管仲为相之后，自己就心甘情愿地做他的下属。鲍叔也是齐国非常有名的士大夫，子子孙孙都在齐国做官。但是天下人更看重的，还不是管仲的能干，而是鲍叔的能知人。鲍叔和管仲的这种知音之交，后来就被称为“管鲍之交”。

管仲治理齐国的理念，与姜太公是一脉相承的。《史记 · 管晏列传》记载说：

> 管仲既任政相齐，以区区之齐在海滨，通货积财，富国强兵，与俗同好恶。故其称曰：“仓廪实而知礼节，衣食足而知荣辱。”

管仲相齐的经验，被写进《管子》一书，这是先秦时期的一部行政管理学的名著。

管仲去世 100 多年之后，齐国又出了一位贤相，叫晏婴，世称晏子。晏子相齐，厉行节俭。他自己更是身体力行，所谓“食不重肉，妾不衣帛”。晏子身高不满六尺（古时候的一尺相当于今天的七寸，也就是一米三多一点），但是为人很机智。他的事迹，收录在《晏子春秋》这本书里。

齐国坚持姜太公制定的治国方针，经过许多明君贤相的治理，成效非常显著，既是春秋五霸之首，又是战国七雄之一。

齐国之所以为人们所称道，不仅仅在于军事上的强大，更在于人民的富裕和快乐。《战国策 · 齐策》中有一段话，讲到齐国国都临淄人的生活水平和质量：

> 临淄甚富而实，其民无不吹竽鼓瑟，击筑，弹琴，斗鸡，走犬，六博，蹹鞠者。临淄之途，车毂击，人肩摩，连衽成帷，举袂成幕，挥汗成雨，家敦而富，志高气扬。

青

百家争鸣

事实上，齐国不仅军事上强大，经济上富裕，文化上也是可圈可点的。

大家都知道，春秋战国时期，在学术文化领域出现过一种“百家争鸣”的局面，这种局面作为先秦学术文化昌盛的一个标志，一直被后人所津津乐道。

“百家争鸣”的主角是“诸子百家”。“诸子百家”究竟有多少家呢？历来说法不一，有的说是189家，有的说有上千家，有的说其中影响较大的只有12家，还有的说是10家。班固《汉书·艺文志》说，“诸子十家，其可观者九家而已”。这十家是：儒家、道家、墨家、法家、名家、阴阳家、纵横家、杂家、农家和小说家。

“百家争鸣”的园地，著名的有魏文侯时的“西河”，学者最多时达300多人，但为时甚短，随着子夏的去世，这些学者很快就散去了；还有秦相吕不韦的门下，有“食客三千人”，他们共同编著了一部传世名作《吕氏春秋》，但为时也不长，随着吕不韦被罢相，这些学者也立即散去了。真正学者既多、历时最长、影响最大的是齐国的稷下学宫。

稷下学宫位于齐国都城临淄的稷门之外，它的创立者是齐桓公田午。稷下学宫的功能是什么呢？有人讲，就是“养士”。我在这里要强调一下，稷下学宫的“养士”不同于战国四公子的“养士”，它有如下几个特点：

第一，稷下学宫的“士”不同于战国四公子门下的“士”。战国四公子门下的“士”，人员很复杂，甚至包括一些鸡鸣狗盗之徒。稷下学宫的“士”都是学者，他们被尊称为“稷下先生”。他们并不参与具体的行政事务，其日常工作就是著书、讲学，所谓“不治而议论”。司马迁《史记·孟子荀卿列传》记载说：

> 自驺衍与齐之稷下先生，如淳于髡、慎到、环渊、接子、田骈、驺奭之徒，各著书言治乱之事，以干世主，岂可胜道哉！

第二，作为一个官办的学术文化机构，稷下学宫的规模很大。有人讲，“稷下先生千有余人”（《盐铁论·论儒》）；也有人讲，稷下学士“数百千人”（《史记·田敬仲完世家》）。虽然人数很多，但是这些人在政治上和生活上都享有较高的待遇。《史记·孟子荀卿列传》又记载说：

> 于是齐王嘉之，自如淳于髡以下，皆命曰列大夫，为开第康

◎ 稷下学宫遗址（山东临淄）

庄之衢，高门大屋，尊宠之。览天下诸侯宾客，言齐能致天下贤士也。

孟子曾经两次去稷下学宫，虽然他的儒家学说并不符合齐宣王的需要，但是齐宣王对他非常尊重，任他为“卿”，给予他优厚的待遇。他要离开齐国时，齐宣王曾一再挽留。挽留不成，又以重金相赠。

荀子 15 岁就进了稷下学宫。齐湣王时，他曾一度离开稷下学宫，到了楚国，后来又回到稷下学宫。齐襄王时，荀子在稷下学宫三为祭酒，也就是三度成为稷下学宫的掌门人。

第三，稷下学宫在学术文化方面是开放而自由的。这里聚集了战国时期各家各派的学者，不仅有儒家、道家、法家，也有名家、纵横家、阴阳家和兵家。他们都可以在这里自由地发表自己的观点，创建自己的学说。齐国的君主并不以非学术的力量加以干预。他们可以面谏、讽刺、批评齐国的君主，齐国的君主不但欢迎，还给予奖励，所谓“有面刺寡人之过者，受上赏”(《战国策 · 齐策》)。

第四，稷下学宫内部的争鸣之风盛行，许多学者都能言善辩。例如孟子是著名的雄辩家，田骈被称为“天口骈”，邹衍被称为“谈天衍”，邹奭被称为“雕龙奭”，田巴曾在辩说中“一日服千人”。

稷下先生的好辩和善辩，反映了他们在理论上的不屈从、不附和。正是由于他们的好辩和善辩，以及齐国统治者的宽容和鼓励，“百家争鸣”的局面才得以形成。

第五，历时较长。稷下学宫由齐桓公创建，至威王、宣王时达到鼎盛，至湣王时开始衰落，到襄王时又有所恢复，前后存在了 140 余年。

一鸣惊人

齐国作为一个在历史上存在了 825 年的诸侯国，它的文化遗存是非常丰富的。在国都临淄古城内外，有 150 多座千年古墓，其中最有名的是在今青州市西北的“二王冢”和“四王冢”，统称“田齐六陵”，属于国家级重点文物保护单位。

“田齐六陵”的主人分别是田齐的第二、三、四、五、六、七代国君，其中最有名的是第四代国君齐威王，我们所熟悉的成语和典故如“围魏救赵”“田忌赛马”“一鸣惊人”“邹忌讽齐王纳谏”等都跟这个人有关。

据《史记·滑稽列传》记载，齐威王即位之初，表现很差。沉湎于酒色，通宵达旦地淫乐，把一切政事都交给卿大夫，于是百官懒政、怠政，诸侯趁机入侵，国家危在旦夕，但是谏官

不敢进言。不过此人还有一个癖好，就是喜欢猜谜。有一个叫淳于髡的人，之前受过髡刑，身长不满七尺，形象丑陋，但是非常机智，能言善辩，滑稽幽默。他知道威王喜欢猜谜，就对威王说:“临淄城里有一只大鸟，就在大王的宫廷中，已经待了三年了，也不鸣叫。大王您猜猜，这是一只什么鸟?”齐威王毕竟是个聪明人，他立刻明白了淳于髡的意思，回答说:

此鸟不飞则已，一飞冲天。不鸣则已，一鸣惊人。

——司马迁《史记·滑稽列传》

于是，齐威王马上召见72个县令，一个一个地考核他们的政绩，最后奖赏一人，诛杀一人。百官为之震动，懒政、怠政的局面立即改变。内政问题处理好之后，齐威王开始发兵，还击诸侯，诸侯也为之震惊，把之前所侵占的齐国土地都归还了。齐威王从此威武了36年。

◎青州博物馆（山东青州）

九万里风鹏正举

青州下

青

《禹贡》青州，就是古代的齐国。齐国濒海，海的浩瀚无边、波澜壮阔与变幻莫测，培养了齐人的想象力，所以齐人同其他地方的人相比，有一个很突出的特点，就是想象力丰富。《庄子·逍遥游》中有这样一段话：

> 《齐谐》者，志怪者也。《谐》之言曰："鹏之徙于南冥也，水击三千里，抟扶摇而上者九万里，去以六月息者也。"

这里所讲的《齐谐》，就是齐国人写的一部志怪小说，也可以说是中国历史上最早的一部志怪小说，可惜失传了。后来南朝宋代的东阳无疑模仿这部《齐谐》写了一部《齐谐记》，南朝梁代的吴均又写了一部《续齐谐记》，这三部《齐谐》都属于志怪

©山东威海

小说。志怪小说的特点就是想象力丰富。《庄子 · 逍遥游》所介绍的这部《齐谐》说，大鹏飞往南海的时候，在海上激起三千里巨浪，然后乘着六月的大风，拍着翅膀上升，一直升到九万里高空。九万里高空是个什么概念？要知道，迄今为止，世界上飞得最高的飞机也只能飞 10.8 万米。齐国人的想象力是不是太惊人了？

在齐国，想象力最丰富的是方士。正是他们这些人，创造了蓬莱神话。中国的神话有两个系统，一个是昆仑神话，讲西部的山上的神仙；另一个就是蓬莱神话，讲东部的海上的神仙。

在今山东省烟台市蓬莱区城北的丹崖山上，有一座被列入国家级重点文物保护单位的二层楼阁，这就是著名的蓬莱阁。蓬莱阁的得名，就是源于蓬莱神话中的海上蓬莱山。海上蓬莱山是渤海三神山之一，另外两神山是方丈和瀛洲。司马迁《史记·封禅书》记载说：

> 此三神山者，其传在渤海中，去人不远。……盖尝有至者，诸仙人及不死之药皆在焉。其物禽兽皆白，而黄金银为宫阙。未至，望之如云；及到，三神山反居水下。临之，风辄引去，终莫能至云。

大家不要以为这是司马迁的话，这其实就是齐国方士所创造的蓬莱神话。早在战国时期，齐国方士就讲在渤海中有“不死药”，也就是延年益寿药，于是齐威王、齐宣王，还有燕昭王等都为之神往，他们都曾派人去寻找。

秦始皇统一六国之后，曾先后四次“东游海上”，为什么呢？就是原齐国一带的方士，曾绘声绘色地给他讲蓬莱神话，讲“三神山之奇药”，也就是“不死药”，秦始皇为之神往，于是就派方士去寻找。在这些方士中，就有一个叫徐福的人。

据《史记・淮南衡山列传》记载，方士徐福奉秦始皇之命入海求药，多年而不得，但是花费又很大。他担心受到责罚，于是就充分发挥自己的想象力，忽悠秦始皇说，他在大海里见到一位大神。大神问他："你想求什么？"他说："想求不死药。"大神说："我这里有的是不死药，但是你们秦王送的礼太薄了，因此你只能看，不能拿走。"徐福又问："什么样的礼才算厚礼？"大神说："童男，童女，还有工匠。你们送我这些，我就把药给你。"于是秦始皇大喜，给徐福童男童女各三千，还

有工匠和五谷之种，让他再去。没想到，后来徐福发现了“平原广泽”，就在那里称王，不回来了。这个徐福是哪里人呢？多数人认为，就是山东龙口人，也就是典型的齐国人。

秦始皇之后，中国历史上第二个深受齐国方士影响的帝王就是汉武帝。据《史记 · 孝武本纪》和《汉书 · 武帝纪》记载，汉武帝“东巡海上”竟有九次之多，其中有四次到了东莱郡。汉代的东莱郡，就是唐

◎蓬莱阁古建筑群（山东烟台）

宋以后的登州，也就是今天的蓬莱这一带。

汉武帝到东莱郡的目的是什么呢？就是寻找蓬莱神人，得到“不死药”。《史记·孝武本纪》记载说：

> 上遂东巡海上，……齐人之上疏言神怪奇方者以万数，然无验者。乃益发船，令言海中神山者数千人求蓬莱神人。

汉武帝身边有两个方士，一个叫李少君，他是第一个对汉武帝讲蓬莱神话的方士。他说：

> 臣尝游海上，见安期生，食巨枣，大如瓜。安期生仙者，通蓬莱中，合则见人，不合则隐。

还有一个方士叫栾大，胶东人。他对汉武帝说，他曾经往来于海上，见到安期、羡门等神仙。汉武帝非常信任他，封他为将军，赏他万金，还把女儿卫长公主嫁给他。

齐国的方士们正是用这种极富想象力的蓬莱神话，激发了秦始皇、汉武帝对于神仙的向往，这个影响当然是消极的，不过也有积极的一面，就是激发了后来的科学家探索海洋世界的兴趣。到了北宋时期，科学家发现，蓬莱神话所讲的蓬莱仙境，其实就是“海市”。北宋著名科学家沈括在《梦溪笔谈·异事》中写道：

> 登州海中，时有云气，如宫室、台观、城堞、人物、车马、冠盖，历历可见，谓之海市。

所谓“海市”，就是海市蜃楼，这是一种大气光学现象。齐国方士所讲的“蓬莱仙境”虽然被科学家揭穿了，但是齐人的想象力并未受打击，仍然活跃得很。例如唐宋以后流行的“八仙过海”的神话故事，最早就出现在今天的烟台蓬莱这一带，而且不止一个版本。

李清照和《渔家傲》

齐人的想象力不仅催生了蓬莱神话，催生了科学家探索海洋世界的兴趣，也催生了许多优秀的文学作品，例如李清照和辛弃疾的词，蒲松龄和莫言的小说等。

李清照（1084—约1155）的家乡在今山东省济南市章丘区的明水村，这里属于《禹贡》青州的范围，也就是古齐国的范围。李清照的父亲是宋代著名的散文家，叫李格非，他有一篇传世名作叫《洛阳名园记》；李清照的生母是状元王拱辰的孙女，也能读书作文。李清照在章丘老家出生，六岁时随父母移居首都开封，十八岁嫁给太学生赵明诚。赵明诚是一位金石学者，他的强项在搜集、整理和研究古代的金石碑刻，判断力大于想象力，而李清照的想象力却是与生俱来的。

赵明诚从太学毕业之后，就经常在外地做官，或者外出搜集金石碑刻，李清照作为家庭主妇经常留守在家，于是就有了许多离愁别绪，写了许多情意绵绵的爱情词，例如大家熟悉的《醉花阴·薄雾浓云愁永昼》。

> 薄雾浓云愁永昼，瑞脑消金兽。佳节又重阳，玉枕纱厨，半夜凉初透。　东篱把酒黄昏后，有暗香盈袖。莫道不销魂，帘卷西风，人比黄花瘦。

这首词的想象力是很独特的，“莫道不销魂，帘卷西风，人比黄花瘦”这三句，把一个因为相思而憔悴的女性比作重阳时节的菊花，这种形容是前无古人的。据说赵明诚收到这首词之后，大为震撼，自愧不如，但是又想胜过自己的妻子，于是就谢绝一切客人，关在房间里写了三天三夜，写了 50 首《醉花阴》，再加上李清照这一首，一共 51 首，混在一起，也不注明哪一首是李清照的，一并交给自己的好友陆德夫，请他判断一下，哪一首写得最好。陆德夫是个行家，他再三把玩和品味，最后对赵明诚说："只三句绝佳。"赵明诚问是哪三句，陆德夫说："莫道不销魂，帘卷西风，人比黄花瘦。"（伊士珍《琅嬛记》）

李清照 24 岁那年，她的公公赵挺之去世。由于此人做宰相时得罪了蔡京，他死后，蔡京就报复他的妻儿老小，不允许他们继续住在首都开封。好在赵挺之生前在青州置了一处房产，于是他的妻儿老小包括赵明诚李清照夫妇就到了青州。

这个青州就是小青州，它是《禹贡》青州的一部分，其治所叫益都，也就是今天的青州市。李清照在这里住了 13 年。在今天的青州古城西门外的洋溪湖畔，有一处坐北朝南的古建筑，这就是青州李清照故居。

在青州的 13 年，是李清照一生中最快乐的一段时光。她把他们夫妇的书房命名为"归来堂"，自号"易安居士"，与赵明诚在一起读书、斗茶，搜集整理和研究金石碑刻、书画古玩，也

◎李清照夫妻斗茶像（山东章丘）

◎李清照故居（山东章丘）

写了不少诗词作品。

13 年之后，赵明诚先后出任莱州和淄州知州，李清照也随丈夫到了任所。莱州和淄州，与章丘和益都一样，都在《禹贡》青州境内，也就是古齐国境内。李清照在古齐国境内至少生活了 25 年。这 25 年，使她接受了齐文化的深刻影响。

北宋王朝覆亡之后，李清照的后半生是在江南度过的，可以说是受尽了家破人亡、颠沛流离之苦。51 岁那一年，李清照避难金华，也就是当时的婺州，投奔在婺州任知州的赵明诚妹婿李擢，卜居酒坊巷的陈氏第。作为曾经的宰相儿媳、太守夫人，她的人生可以说是一落千丈，但是她的想象力不但没有减弱，反而还增强了。她的名作《渔家傲》就写在江南。

天接云涛连晓雾，星河欲转千帆舞。仿佛梦魂归帝所，闻天语，殷勤问我归何处。　　我报路长嗟日暮，学诗谩有惊人句。

九万里风鹏正举。风休住，篷舟吹取三山去！

天上的云涛连接着破晓的晨雾，银河里千帆竞舞。女词人感觉自己飞升到了天宫。她听到了天帝的声音，很殷勤地问她想回到哪里去？她感叹人生的路太漫长，而自己已到暮年，虽然诗写得好，常常有惊人之句，但是在那个以男性为中心的社会，这又有什么用呢？她既不想回到歧视女性的人间，也不想留在等级森严的天上。看到大鹏正乘着大风，向九万里外的高空飞去，她大声呼喊大风不要停下，把她和她所乘坐的篷舟，一起吹到海上三山去，也就是齐人所讲的神仙居住的地方。

◎李清照像（山东济南）

许多人都欣赏她这首词的豪放。我认为，豪放固然不可否定，但是我要强调的是她这首词的齐文化色彩。她继承了齐文化的丰富想象力，通过“大鹏”和“三山”这两个齐文化中的典型意象，表达了她对现实的不满，以及对自由生活的向往。

青

辛弃疾和《沁园春》

正是著名女词人李清照漂泊江南的时候，在她的故乡济南府，又出了一位著名词人，他比李清照小 56 岁，名叫辛弃疾（1140—1207）。李清照号易安，辛弃疾字幼安，人称“济南二安”。

辛弃疾出生在济南府历城县的四风闸村，父亲早逝，祖父辛赞把他一手带大。他的祖父是一位爱国志士，金人占领济南的前夕，他也曾准备携家南渡，但是由于家大口阔，行动不便，最后不得已留在了沦陷区。他的内心是非常悲愤的。他经常带着幼小的孙子遥望山河，察看地形，嘱咐他长大之后，一定要收复中原，统一全国。正是在祖父的教导和影响之下，辛弃疾 19 岁就拉起了一支 3000 人的抗金队伍。为了壮大抗金的力量，两年之后，他又带着这一支队伍加入了济南人耿京领导的抗金义军——天平军，被任命为掌书记。为了进一步壮大抗金的力量，辛弃疾建议耿京率部南归，耿京采纳了他的建议，并委托他先去和南宋接洽。辛弃疾到了建康（今江苏南京），正好遇到高宗皇帝在建康劳军，高宗皇帝鼓励他们率部南归，并正式任命耿京为天平军节度使，任命辛弃疾为掌书记，嘱咐他们尽快过江。辛弃疾日夜兼程，走到海州（今江苏连云港）时，得知一个坏消息，义军内部出了叛徒，耿京被叛徒张安国杀害了。张安国不仅杀害了耿京，还带着耿京的头颅去金兵大营邀功请赏。辛弃疾悲愤填膺，他立即带领五十人马，冲进有五万人的金兵大营，把叛徒张安国捆绑在马上，然后带领耿京旧部两万多人，摆脱金兵四万多人的追杀，一路向南。最后把部队带到了南宋，把张安国交给朝廷处置。辛弃疾的这一英雄壮举震动了整个南宋朝廷，连皇帝也为之三叹。

辛弃疾南归的目的很明确，就是凭借南宋朝廷的力量抗击金兵，收复中原，统一全国。但是没想到南归不久，南宋朝廷就和金朝签署了一个《隆兴和议》，从此 40 多年，宋金无战事，辛弃疾的愿望落空。英雄失路，报国无门。他只能去做地方官。但是他并不甘心，多次上书朝廷，希望带兵北伐。可惜的是，他的建议不但没有被采纳，反而因为一些莫须有的罪名，三度下野，在江西带湖、瓢泉一带前后闲居了 20 多年。

可贵的是，他虽然三度下野，但是一直没有忘记初心，没有忘记抗金大业。即便是在他那些写山水田园的作品里，也掩饰不了一股英雄之气，而且想象力非常丰富。请看下面这首词：

沁园春 · 灵山齐庵赋，时筑偃湖未成

叠嶂西驰，万马回旋，众山欲东。正惊湍直下，跳珠倒溅；小桥横截，缺月初弓。老合投闲，天教多事，检校长身十万松。吾庐小，在龙蛇影外，风雨声中。

争先见面重重。看爽气朝来三数峰。似谢家子弟，衣冠磊落；相如庭户，车骑雍容。我觉其间，雄深雅健，如对文章太史公。新堤路，问偃湖何日，烟水濛濛。

这首词大约作于宋宁宗庆元二年（1196）辛弃疾二度下野闲居带湖之时，“灵山”在上饶西部，“齐庵”就是词中所写的“吾庐”。

这首词的上片写他居住的环境，有奔驰向西而又回旋欲东的群山，有飞流直下水珠倒溅的瀑布，还有一座像半月又像初弓的小桥。在这样的环境里，茅庐虽小，但是可以看到像龙蛇一样盘曲的松影，可以听到像风雨一样鸣奏的松涛。下片写他早上开门见山的感受：朝阳下，晨雾中，一座座山峰迎面而来，有的像谢家子弟那样玉树临风，衣着大方；有的像司马相如的庭院那样车马整齐，华贵雍容；有的则像司马迁的文章那样雄放刚健，高雅深邃。结句说，唯一的遗憾，就是这里还没有湖泊，因此他问，何日才能见到新筑的偃湖那烟水濛濛的景象？

这首词最大的特点就是想象力丰富。他把由西向东蜿蜒而去的群山想象成“万马回旋”，把清爽明净的山峰想象成“谢家子弟”，把气度雍容的山峰想象成“相如庭户”，把雄奇健美的山峰想象成“太史公”司马迁的文章。这些想象都是前无古人的。尤其是“老合投闲，天教多事，检校长身十万松”这三句，在欣赏自然山水的时候露出了英雄本色。什么是“检校”？就是检查和核实。他把“长身十万松”想象成了他当年率领的数万抗金战士，他在检查他们，准备再次带他们上战场。由此可见，虽然下野了，投闲置散了，被“躺平”了，可是他一刻也没有忘记收复中原、统一全国的使命和初衷。

辛疾弃南归之前在济南府生活了 21 年，齐文化对他的影响是如影随形的。

◎辛弃疾故居（山东历城）

辛弃疾去世 433 年之后，在济南府的淄川县又出了一位伟大的文学家，这就是小说《聊斋志异》的作者蒲松龄。

蒲松龄（1640—1715），字留仙，别号柳泉居士，济南府淄川县（今山东省淄博市淄川区）蒲家庄人。蒲氏虽非名门望族，但读书人并不少，有科举功名者代不乏人。可是蒲松龄的运气却非常差。他 19 岁应童子试，以县、府、道三试第一的成绩成为秀才，但后来考举人却非常不顺，历时 44 年，考了七次也没考上。直到 71 岁时，朝廷按惯例给他补了一个“岁贡生”，相当于一个举人资格吧，四年之后，他就去世了。

但蒲松龄绝对是一位天才，他知道科举功名不过是一块走向仕途的敲门砖而已，科举功名不是名山事业，李白、杜甫、关汉卿、罗贯中、施耐庵等，不都没有科举功名吗？于是他就在教书和应考之余，潜心从事写作，小说、俚曲、诗词、辞赋、散文乃至科学文化普及读物，他都写。当然，写得最好、影响最大的是小说《聊斋志异》。

《聊斋志异》是一部文言短篇小说集，共有 490 余篇作品，内容丰富，情节生动，语言优美，人物形象鲜明，富有批判性。关于《聊斋志异》的思想艺术成就，已有不少学者作了研究和总结，我不再重复。我要强调的是，《聊斋志异》为什么会取得这样大的成就？除了作者深厚的文化底蕴、超人的见识和才华，还有很重要的一点，就是他善于汲取民间智慧。

◎柳泉（山东淄川）

在蒲家庄的东门外，有一口古老的水井，叫满井，又叫柳泉。蒲松龄非常喜爱柳泉，曾说过“予蓬莱不易也”，他因此自号“柳泉居士”。传说他经常在柳泉旁边摆一张茶桌，招待过往的客人，听他们谈狐说鬼。这个传说是可信的。我们看看他笔下的那些女狐、那些女鬼，既多情，又多智慧，又富于想象力，许多书生搞不定的问题，她们一眨眼工夫就搞定了。其实这些智慧和想象力，许多都是来自民间。

齐国故地是一片充满想象力的土地，从先秦以来的神人故事，到唐宋以来的八仙故事，再到明清以来的狐鬼故事，都是这种想象力的产物。而《聊斋志异》则集中地体现了齐人的想象力，把本来起源于齐国的志怪小说推向了一个高峰，所谓“写鬼写妖高人一等，刺贪刺虐入骨三分”。

值得注意的是，齐人的想象力一直传承到今天。蒲松龄去世 240 年之后，在齐国故地高密县，又产生了一位非常有名的作家，这就是大家熟悉的诺贝尔文学奖获得者莫言（1955—）。莫言的小说，无论是短篇、中篇或者长篇，都有着丰富的想象力。许多人讲，莫言擅长讲故事，但是讲故事的基本功是什么呢？就是想象。莫言曾经说过，他自己

◎莫言旧居（山东高密）

最满意的小说是《生死疲劳》，而《生死疲劳》最大的特点，就是想象力丰富。

无论是李清照的故乡章丘，还是辛弃疾的故乡历城；无论是蒲松龄的故乡淄川，还是莫言的故乡高密，都属于《禹贡》青州的范围，也就是古齐国的范围。这个地方濒临大海，深受海洋文化的影响，因此这里的人们想象力丰富。而孔子、颜子、曾子、子思、孟子等儒家五圣，他们的故乡则属于《禹贡》兖州的范围，也就是古鲁国的范围。这个地方处于内陆，是传统的农耕区，这里的人们非常务实，因此儒家五圣所思考的问题，都是带有普遍性的现实人际关系问题，也就是人伦问题。孔子“不语怪力乱神”，又讲“未能事人，焉能事鬼”，他们的学说是排斥想象的，这也是儒家学说的一个局限。

想象力丰富是一大优点。文学需要想象，科学需要想象，一切创造都需要想象。没有想象，就没有创新。

徐州

龙吟虎啸帝王州

徐州上

徐

《尚书·禹贡》讲：

海岱及淮惟徐州。

“海岱”，指黄海和泰山；“淮”，即淮河。意思是说，徐州在海、岱和淮河之间，东至黄海，北至泰山，南至淮河。这个面积相当于今江苏、安徽两省的北部和山东南部。

何谓徐？《尔雅·释地》解释说：

淮海间其气宽舒，禀性安徐，故曰徐。徐，舒也。

但是通常则认为，徐州的得名源于徐夷。上古时期，生活在今江苏北部、山东南部一带的居民属于东夷族，其中有一支叫徐夷。

◎云龙山（江苏徐州）

徐夷人很早就建立了徐国。在今天的徐州云龙山有一座徐君墓，又叫季子挂剑台。据司马迁《史记 · 吴太伯世家》记载，春秋时期，吴国有一位叫季札的公子，他的封地在延陵，又称延陵季子。有一次，延陵季子奉吴王之命出访齐、鲁、郑、卫、晋等国，经过徐国时，拜会徐君。徐君很喜欢季札佩带的那一把宝剑，但是又不好意思开口要。延陵季子知道徐君的心思，但是考虑到自己还要出访好几个国家，就没有把宝剑相送，心想等自己完成了出访任务，就把宝剑送给徐君。没想到等他完成了出访任务，再经过徐国时，徐君已经死了。延陵季子很惆怅，很伤感，就把宝剑挂在了徐君的墓上。随行的人问他："徐君已经死了，你还要送他这把宝剑吗？"延陵季子说："我当初在心里已经答应他了，怎么能够因为他不在了就违背自己的心呢？"

延陵季子不忘故旧、不改初心的行为，一直被人们奉为美谈。徐州人还为此作了一首流传千古的歌曲，叫《徐人歌》：

延陵季子兮不忘故，脱千金之剑兮带丘墓。

据了解，在徐州境内，除了云龙山有徐君墓和挂剑台，在睢宁县也有。

◎季子挂剑台（江苏徐州）

徐州在古代还有一个名称，叫彭城。彭城的得名源于彭国，彭国的得名则源于它的开国之君彭祖。彭祖这个人大家都很熟悉，他是老寿星的代名词，相传活了八百岁还不显老。《徐州掌故》这本书讲，彭祖之所以活得那么长，是因为他擅长养生之道，相传气功就是他发明的。另外他还擅长烹调，是一个美食家。但是也有人认为，彭祖既是彭国第一个国君的名字，也是彭国其他国君的一个通称，所谓彭祖活到八百岁还不显老，并非指某一个彭祖，而是指彭国在历史上存在了八百年。

事实上，彭国的历史比徐国还要早。彭国是夏朝时建立的一个小国，公元前 1208 年被商王武丁所灭。徐国是周朝时建立的一个小国，公元前 512 年被吴王阖闾所灭。

清雍正年间，有一位叫邵大业的诗人写过一首名为《徐州》的诗，开头两句是：

龙吟虎啸帝王州，旧是东南最上游。

徐州确实可以称作帝王州，这个地方出过许多皇帝。例如，西汉的开国皇帝刘邦是徐州人，南朝宋代的开国皇帝刘裕是刘邦四弟楚元王刘交的后裔（祖籍徐州），南唐的开国皇帝李昪是徐州人。

另外，项羽是下相人，下相在两汉时属于徐州，它的治所在今江苏宿迁，宿迁从北宋到清代都属于徐州管辖，因此项羽也是徐州人。

有人指出，东汉开国皇帝刘秀，蜀先主刘备，都是刘邦的后人，他们的祖籍都是徐州；齐高帝萧道成、梁武帝萧衍都是萧何的后人，他们的祖籍也是徐州。

据统计，中国历史上一共出过 559 个皇帝，其中出生在徐州和祖籍徐州的就有 75 个，占总数的 13.4%。至于由皇帝分封在徐州的诸侯王，包括同姓王和异姓王，那就更多了，仅仅是两汉时期，分封在徐州的诸侯王就有 22 个，迄今在徐州发现的两汉诸侯王和王后的陵墓就有 18 座。因此徐州可以说是一个帝王州。

当然，在中国其他一些地方也出过皇帝，例如河南温县出过晋朝的皇帝，陕西华阴出过隋朝的皇帝，甘肃秦安出过唐朝的皇帝，河北

◎狮子山楚王陵（江苏徐州）

涿州出过宋朝的皇帝，辽宁新宾出过清朝的皇帝。但是这些地方出皇帝，也就一个朝代。徐州不一样，它出了六个朝代两个政权的皇帝，仅开国皇帝就有八个。如此看来，徐州的地理环境就值得探讨。

说到徐州的地理环境，清代著名地理学家顾祖禹在《读史方舆纪要》一书中写道：

> （徐）州冈峦环合，汴、泗交流，北走齐、鲁，西通梁、宋，自昔要害地也。

这种要害之地给徐州人造成了什么样的影响呢？曾经做过徐州知州的北宋著名文学家苏轼在《上神宗皇帝书》中介绍说：

> 其民皆长大，胆力绝人，喜为摽掠，小不适意，则有飞扬跋扈之心，非止为盗而已。……凶桀之气，积以成俗。

身材高大，胆力超群，好勇斗狠，脾气剽悍。小不适意，即有飞扬跋扈之心，这正是那些开国皇帝的基本特点。

需要补充的是，徐州地处中国南北之交，自然山水既有北方的雄伟，又有南方的秀丽，因此徐州这个地方的人，往往刚柔并济、能武能文。仍以皇帝为例，徐州的皇帝中，能文的就有不少。据我的统计，在中国历史上的 559 个皇帝中，能写诗填词的至少有 109 人，比较有影响的则有 41 人。在这 41 人中，出生于徐州或祖籍徐州的就有 19 人，例如刘邦、项羽、汉武帝刘彻、梁武帝萧衍、梁简文帝萧纲、南唐中主李璟、南唐后主李煜，都是文学史上有影响的作家。刘邦的《大风歌》，项羽的《垓下歌》，刘彻的《秋风辞》，李璟的《浣溪沙》，李煜的《虞美人》等，都是文学史上的经典。

《大风歌》

在徐州沛县东南的古泗水西岸，曾经有过一座巍峨壮观的百尺高台，被列为“古沛八景”之首，这就是历史上非常有名的歌风台。歌风台上有一块高达1.7米的石碑，碑上刻着刘邦的《大风歌》：

大风起兮云飞扬，
威加海内兮归故乡，
安得猛士兮守四方？

这座歌风台曾经多次被毁，又多次重建。1983年，沛县人又在县博物馆内新建了一座更加巍峨壮观的歌风台，台上立有三块《大风歌》碑，一块是西汉的，一块是元代的，一块是新立的。

历代学者对《大风歌》的评价都很高，著名学者朱熹认为：

自千载以来，人主之词，亦未有若是其壮丽而奇伟者也。呜呼，雄哉！

——《楚辞集注》

那么，这首壮丽奇伟的《大风歌》，是在什么时间、什么环境、什么心境下创作的呢？

这首歌作于高祖十二年（前195），也就是刘邦去世的那一年。那一年，发生了一件很重大的事件，这就是淮南王黥布造反。

这个时候的刘邦已经是61岁的老人了，而

◎歌风台（江苏徐州）

且正在生病。他原本打算让太子带兵去征讨黥布，但是吕后不同意。吕后在皇帝面前哭泣，说太子性格仁弱，指挥不了那些跟随刘邦打下江山的将军。刘邦找不到合适的人选，只好亲自带兵征讨。

所幸黥布犯了策略上的错误，吃了败仗，最后向江南逃窜。但是刘邦也受了箭伤。于是刘邦就让部下去追赶黥布，他自己带着一行人回长安。路过家乡的时候，他留下来住了 10 多天。

《大风歌》这首歌，就是刘邦这一次回到家乡的时候创作的。司马迁在《史记 · 高祖本纪》中，详细地记载了这首歌的产生过程：

> 高祖还归，过沛，留。置酒沛宫，悉召故人父老子弟纵酒。发沛中儿得百二十人，教之歌。酒酣，高祖击筑，自为歌诗曰："大风起兮云飞扬……"令儿皆和习之。高祖乃起舞，慷慨伤怀，泣数行下。

“歌诗”，就是用于歌唱的诗，也就是歌词。所谓“自为歌诗”，就是说这首歌是刘邦本人亲自创作的，不是他人代写的。

“筑”，是古代的一种弦乐器，像琴，有 13 根弦，用竹尺敲打。可见刘邦不仅能作词、作曲、演唱、舞蹈，还能弹奏乐器，是一个文艺多面手。

值得注意的是，刘邦在唱完《大风歌》之后，为什么会“慷慨伤怀，泣数行下”？究竟有什么心事，令他如此伤感呢？我们且看作品。

“大风起兮云飞扬”，这一句既是写自然现象，也是写社会现象；既是写现实，也是写历史。刘邦的家乡地处黄泛冲积平原，地势平缓，季风气候明显，夏天刮偏南风，冬天刮偏北风，而平原地区的风速总是大于山地，所以每到冬天，这个地方总是北风呼啸，乱云飞渡。“大风起兮云飞扬”这一句，从气候的角度来看，可以说是很真实的。

这一句也可以说是时代风云的一个真实写照。刘邦自秦二世元年（前 209）九月起兵反秦，至高祖十二年（前 195）十月回到家乡，前后 15 年。这 15 年的历史，可以说是风起云涌；这 15 年间的刘邦，可以说是叱咤风云。刘邦和项羽等人联手，灭了秦朝；接着又和韩信、彭越、黥布等人联手，灭了项羽；最后又借吕后等人之手，灭了韩信、彭越等异姓王，打败了黥布。毫无疑问，他是最后的胜利者。

“威加海内兮归故乡”，这一句是写现实。他消灭了国内几乎所有的敌对势力，在军事上取得了决定性的胜利。而在国家治理方面，他又采取了一些轻徭薄赋的政策，受到了人民的拥护。正是在这个背景之下，他以一个胜利者的姿态，衣锦还乡。

这首歌的一、二两句，可以说是气势不凡，第三句就不一样了，它来了一个转折，透露了一种忧虑。

一个叱咤风云、威加海内、衣锦还乡的开国皇帝，一个最后的胜利者，究竟有什么忧虑呢？根据当时的形势来判断，我认为刘邦的忧虑至少有三件。

一是接班人的问题。此时的刘邦，已经是 61 岁的老人了。事实上，这也是他生命的最后一年。他本来就是带病出征的，在讨伐黥布的过程中，又受了箭伤。作为一个垂暮之年的皇帝，他当时最关心的问题是什么呢？首先是接班人的问题，而太子刘盈，也就是他和吕后生的那个儿子，又是一个性格仁弱之人。把一个建立不久的庞大帝国交给这样一个人，他是不放心的。《史记·吕太后本纪》记载：

> 孝惠为人仁弱，高祖以为不类我，常欲废太子，立戚姬子如意，如意类我。

戚姬就是戚夫人，定陶（今属山东）人。刘邦做汉王时把她娶过来，生有一子，名叫如意，后来封为赵王。刘邦想立戚夫人的儿子为太子，吕后会同意吗？当然不会同意。她也不是等闲之辈。

刘邦去世之后，吕后的儿子即位，是为惠帝。这惠帝还真是一个仁厚之人。吕后杀害了赵王如意，又砍断了戚夫人的手脚，挖掉了她的双眼，烧焦了她的耳朵，弄哑了她的喉咙，最后把她关在厕所里，取名"人彘"。更令人发指的是，吕后还让惠帝去看戚夫人的这个模样。惠帝看了之后，大哭一场，接着就生病，卧床一年多。他派人对太后说："你这不是人做的事。我是你的儿子，今后还怎么治天下？"从此以后就不再上朝听政。当然，这也正是吕后所期待的，从此她就可以独断朝纲了。

因此刘邦的忧虑，主要还不在太子的仁弱，而在于这种仁弱会导致吕后专权。后来的事实就充分证明了这一点。

二是北方匈奴的问题。高祖六年（前 201），韩王信为代王，都马邑（今山西朔州朔城区）。高祖七年（前 200）九月，匈奴包围了马邑，韩王信投降。刘邦亲率大军征讨韩王信，韩王信逃往匈奴。刘邦带兵追赶，遇上天寒地冻，十分之三的士兵竟把手指都冻掉了。追至平城（今山西大同），还被匈奴 40 万精兵包围了七天七夜，幸亏陈平用计，才得以逃脱。刘邦死后，匈奴更加骄横无礼，吕后想打匈奴，朝中大臣都不赞成，说以高皇帝之贤明英武，尚且困于平城。于是吕后只有打消打匈奴的念头。匈奴的问题，直到汉武帝时代才得到基本解决。

三是同姓王的问题。刘邦当年一共封了七个异姓王。自高祖六年（前 201）开始，他就逐步加以剪除。在剪除异姓王的同时，则大封同姓王。可是这些同姓王是不是都靠得住呢？刘邦心里其实也是有隐忧的。一个不争的事实是，刘邦死后不到半个世纪，就发生了吴楚七国之乱，七个同姓王同时反了。

创业难，守成更难。自己虽然英雄盖世，但毕竟年事已高，太子又太仁弱，匈奴又太强悍。曾经为他打下江山的异姓王都被他一个一个地剪除了，同姓王又没有几个靠得住的。谁来为他和他的子孙守四方呢？

谁都不能否认，刘邦是最后的胜利者。可是这个胜利者的悲哀，却不是所有的人都看得出来的。只有细读他的这首歌，细看他演奏这首歌时所流露的情绪，再联系他创作和演奏这首歌的时间和背景，才能了解他真实的内心世界。

《垓下歌》

在中国古代的帝王诗歌中，与刘邦的《大风歌》同为不朽的，是项羽的《垓下歌》：

力拔山兮气盖世，时不利兮骓不逝。
骓不逝兮可奈何，虞兮虞兮奈若何！

汉高祖五年（前202），项羽驻军垓下，兵少粮尽，被汉军重重包围。夜晚听到四面楚歌，项羽大为吃惊，以为楚地都被汉军占领了，感到失败已成定局。《史记·项羽本纪》写道：

项王则夜起，饮帐中。有美人名虞，常幸从；骏马名骓，常骑之。于是项王乃悲歌忼慨，自为诗曰："力拔山兮气盖世……"

◎霸王别姬雕像（安徽蚌埠）

歌数阕，美人和之。项王泣数行下，左右皆泣，莫能仰视。

请注意“自为诗曰”这四个字，这表明，这首诗是项羽本人作的，不是他人代写的。

项羽作为一代英雄，勇冠三军，九战九捷，对推翻暴秦起了决定性的作用。关于他在楚汉之争中最后失败的原因，前人有过很多说法，我这里不再重复。我所关注的，是项羽面临最后失败时的表现。英雄争天下，败者不为耻，关键是面临失败时的表现。《史记·项羽本纪》记载：

项氏世世为楚将，封于项，故姓项氏。

世世为楚将，即为贵族。项羽的叔父叫项梁，项梁的父亲就是楚国著名的将军项燕，此人曾率楚军与秦国大将王翦英勇决战，最后兵败自杀。我认为，项羽在自杀之前的表现，恰好体现了一个贵族的良好品质，可圈可点者有三：

第一，牵挂自己深爱的美人和战马。美人和战马，是英雄的标配。他的这首《垓下歌》所体现的，就是对自己深爱的美人和战马的一种不舍和牵挂。相传虞姬在作完和歌之后，拔剑自刎而死。乌骓马呢？项羽不忍心杀掉它，把它送给了乌江亭长。

第二，带领部下杀出重围。所谓“为诸君溃围，斩将，刈旗”。

第三，宁死不过江东。请看《史记·项羽本纪》中乌江亭长和项羽的这一段对话：

（乌江亭长）谓项王曰：“江东虽小，地方千里，众数十万人，亦足王也。愿大王急渡。今独臣有船，汉军至，无以渡。”

项王笑曰：“天之亡我，我何渡为！且籍与江东子弟八千人渡江而西，今无一人还，纵江东父老怜而王我，我何面目见之？纵彼不言，籍独不愧于心乎？”

关于项羽失败之后该不该过江的问题，后世是有不同意见的。例如唐代诗人杜牧就认为他应该过江，所谓“胜败兵家事不期，包羞忍耻是男儿。江东子弟多才俊，卷土重来未可知”（《题乌江亭》）；而宋代女词人李清照则认为项羽不过江是对的，所谓“生当作人杰，死亦为鬼雄。至今思项羽，不肯过江东”（《夏日绝句》）。项羽究竟应不应该过江，似乎是一个见仁见智的问题。但是我认为，项羽本是一个贵族，贵族是很有责任感的，是很讲体面、很讲尊严的。过江，固然可以卷土重来，但是他如何向江东父老交待呢？当年八千江东子弟跟随他一起过江，如今无一人生还，他有何面目见江东父老？自己的尊严又何在？在项羽看来，责任感、体面和尊严比成败更重要。如果仅仅从功利出发而不顾及责任感，不顾及体面和尊严，当然就百事可为了。

◎垓下遗址（安徽蚌埠）

千秋犹有汉精灵

徐州下

元代有一位叫傅若金的诗人写过一首名为《丰西亭》的诗，结尾两句是：

四海久非刘社稷，千秋犹有汉精灵。

江山早已不是刘氏的江山了，但是在徐州，依然能感受到汉朝的精灵未散。许多掌故、传说、景观和地名，都与刘邦和汉初大臣有关，丰西亭就是其中一例。

秦朝末年，刘邦任泗水亭长时，押送一批囚徒去骊山服劳役，一路上，囚徒跑了不少。刘邦想，恐怕不到骊山，囚徒就跑光了。于是走到丰西泽，他就不走了，坐下来喝酒。到了夜晚，他索性解除所有囚徒身上的绳索，放他们走。刘邦说："诸位都走吧，我也要走了。"徐州人感念刘邦对乡亲们的仁义，就在这里建了一座丰西亭。

这座丰西亭就在徐州丰县城西 30 里的丰西泽中，离刘邦的故里丰邑并不远。

©汉皇祖陵（江苏徐州）

《史记·高祖本纪》载：

> 高祖，沛丰邑中阳里人，姓刘氏，字季。父曰太公，母曰刘媪。

“丰邑”在秦代属于沛县，在西汉时，由于是皇帝的家乡，所谓龙兴之地，就升格为丰县了。

在今天的丰县，还有一个中阳里街道。但是中阳里街道的居民，则不一定是刘太公和刘媪的后代，也不一定是他们的左邻右舍的后代。早在西汉初年，刘邦就把他的父母和中阳里的居民都迁到今陕西省西安市临潼区去了。在今天的临潼区，就有一个新丰街道。

◎汉皇祖陵（江苏徐州）

刘邦当年为什么要把他的父母和中阳里的居民都迁到临潼，要在那里建立一个新丰呢？这是由于他的孝心。

说到刘邦的孝心，恐怕就有不同意见了。刘邦还有孝心吗？当年项羽抓了刘邦的父亲刘太公，把一锅水烧得滚烫滚烫的，对刘邦喊话："刘邦，你再不投降，我就把你父亲放进开水锅里烹了！"刘邦居然说："我当年和你结为兄弟，我的父亲就是你的父亲。你要烹就烹吧！你烹熟了，请分我一杯羹！"这是司马迁在《史记·项羽本纪》里明明白白记载着的，许多人读了这一段，都摇头叹息，说这刘邦，真是一个流氓啊，哪里还有一点孝心？

我认为，刘邦在这里用的是心理战术。他知道项羽身边还有宅心仁厚的人，还有高人，他们不会让项羽这么做的。《史记·项羽本纪》接着写道：

> 项王怒，欲杀之。项伯曰："天下事未可知，且为天下者不顾家，虽杀之无益，只益祸耳。"项王从之。

果然，项羽听了项伯的劝告，刘邦的心理战术成功了。因此我们不要因为刘邦讲了这番话，就以为他没有孝心。试问在那个情况下，父亲在人家手里，他一时又没有办法施救，不用这种心理战术怎么办呢？如果他说："项羽，我愿意投降，只要你放了我的父亲。"如果是这样，那就不是刘邦了，那一段历史也要改写了。

事实上，刘邦还是很有孝心的。他很快就把父亲救出来了。他一做皇帝，就把父亲接到长安的皇宫里住下来。但是刘太公本是一个乡镇上的居民，他在老家住惯了，住在长安的皇宫里很不自在，很不快乐。刘邦就私下问他，您老人家为什么不快乐？刘太公说，我平生交往的人，都是杀猪的，卖酒的，做饼的，斗鸡的，踢球的，我跟他们谈得来，因此就快乐。如今我住在你这里，遇到的都是一些做官的，我跟他们谈不到一块，怎么快乐得起来？于是刘邦就有了一个别出心裁的主意。

什么主意呢？就是在离皇宫不远的临潼，模仿故乡丰邑的样子，新建一个丰邑，取名为新丰，把乡亲们都迁过来。《西京杂记》一书写道：

> 高祖乃作新丰，移诸故人实之，太上皇乃悦。故新丰多无赖，无衣冠子弟故也。高祖少时，常祭枌榆之社。及移新丰，亦还立焉。

枌榆，就是白榆。枌榆社，就是位于刘邦老家丰邑东北 15 里的一个土地庙，庙旁有白榆树。这本书接着写道：

> 高祖既作新丰，并移旧社，衢巷栋宇，物色惟旧，士女老幼，相携路首，各知其室。放犬羊鸡鸭于通途，亦竟识其家。

后来就有了一个成语，叫“鸡犬识新丰”。

刘邦的这个移民，用今天的话来讲，就叫整体搬迁。而且不改变原来的格局，可以称为高仿真的整体搬迁。

泗水捞鼎

从徐州城的东北角出去，大约走 15 华里，有一个叫秦梁洪的村庄。据徐州当地学者讲，这个村庄的得名，与 2300 多年前发生的秦始皇泗水捞鼎这个传说有关。

而在徐州汉画像石艺术馆，就有这样一方画像石。画像的下格就是秦始皇泗水捞鼎的故事。画上有一座桥，桥的两侧是多人用绳索牵引一只鼎，鼎内有一条龙伸出头来欲咬断绳索，桥上是秦始皇在坐等那只鼎。

鼎是一种青铜器，古人用来烹煮食物或者盛放祭祀用品，后来逐渐成为王权的象征。

问题是，秦始皇当年为什么会来徐州境内的古泗水边上捞鼎呢？

相传大禹划定九州之后，就收集九州的青铜，铸造了九只大鼎。鼎有四足，方形，上面

◎ “泗水捞鼎”汉画像石及拓印图

绘有九州的名山大川和各种奇珍异物。九鼎铸成之后，作为王权和江山社稷的象征，被安放在王室的宗庙里。夏商周三代，都视九鼎为传国重器，王权所在即鼎之所在，国亡则鼎迁。夏朝末年，因夏桀昏德，商汤迁鼎于商邑；商朝末年，因商纣无道，周武王又迁鼎于洛邑。公元前256年，秦灭西周，九鼎归秦。但是秦昭襄王并没有得到完整的九鼎，只得到了八只鼎。还有一只鼎去了哪里呢？据说掉进徐州境内的古泗水中了。

公元前219年，秦始皇东行祭泰山，回去的时候经过彭城（徐州），就安排上千人去泗水捞鼎。司马迁《史记·秦始皇本纪》记载：

> 始皇还，过彭城，斋戒祷祠，欲出周鼎泗水。使千人没水求之，弗得。

鼎没有捞上来，什么原因呢？郦道元的《水经注·泗水》说：

> 始皇自以德合三代，大喜，使数千人没水求之，不得，所谓鼎伏也。亦云系而行之，未出，龙齿啮断其系。

但是这里也有一个问题：秦取周鼎，把鼎从洛阳迁到咸阳，洛阳在中，咸阳在西，彭城在东，鼎怎么会到彭城呢？

事实上，司马迁和郦道元对此也是持怀疑态度的。例如郦道元在讲完上述故事之后，最后还补充了这么一句：

> 当是孟浪之传耳。

所谓孟浪之传，就是指秦始皇泗水捞鼎这个传说，乃是一个不靠谱的传说。

那么，这个不靠谱的传说又是什么人编造的？有人认为，就是刘邦和他周围的那些谋士。他们的意思是说，秦始皇残暴无道，注定二世而亡，他不配得到那只鼎。他自以为“德合三代”，安排那么多人去泗水捞鼎，可是天命不许，最后还是让龙把牵引鼎的绳索咬断了。秦始皇捞不着鼎，说明秦朝的气数已尽。鼎在泗水，在刘邦的家乡，说明天命在汉。编造秦始皇泗水捞鼎这个传说，就是为灭秦兴汉造舆论。（刘辉《秦始皇泗水捞鼎揭秘》）

问题是，汉兴之后，汉朝的那些皇帝，包括刘邦本人，也没有得到那只鼎。鼎的下落，成了一个千古之谜。

徐州当地学者说：“秦始皇泗水捞鼎没有成功，捞出的石头在两岸堆成长长的石梁，后人便将此处称为秦梁洪。”又说：“当年的泗水河道已为今日的大运河取代，当年捞鼎所堆积在两岸的石梁也不见踪影，唯有秦梁洪这个村庄的名字保留至今。”（王贵增、赵明奇《徐州掌故》）

我认为，既然秦始皇泗水捞鼎的传说本来就是一个不靠谱的传说，那么泗水两岸堆成的长长的石梁，究竟是为了捞鼎从河里捞出的，还是为了疏浚河道从河里挖出的？或者说，秦梁洪这个村庄的名字，究竟是缘于秦始皇泗水捞鼎，还是缘于秦代对泗水河道的疏浚？这个问题还有待考证。

圯桥进履

在徐州市睢宁县北部的古邳镇，有一条河，叫小沂水；小沂水上有一座桥，叫圯桥。不过今天我们所看到的圯桥已不是当年司马迁所写的那座小石拱桥，而是一座钢筋混凝土建成的三孔大桥，但是地理位置并没有变。

张良“圯桥进履”的传说就发生在这里。

张良，字子房，战国时期韩国人，本姓姬，出身贵族。从他的父亲这一代往上数，一共有五代人做过韩国的丞相，家有僮仆300多人。

◎圯桥重建新碑记（江苏睢宁）

在他20岁那一年，秦国灭了韩国，他的弟弟也死在秦兵的刀下。张良非常悲愤，他变卖了所有的家产去求刺客，发誓要刺杀秦王。

秦始皇二十九年（前218），秦始皇东游，行至阳武（今河南原阳县）博浪沙，遇到刺客。那刺客使出一个120斤重的大铁椎，朝秦始皇的专车狠狠地砸过去，可惜没有砸中，只是砸中了副车。秦始皇大怒，下令全国搜索10日，但是没有搜索到刺客。刺客跑掉了，主谋则逃到下邳（今睢宁县古邳镇）躲了起来，改名叫张良。

有一天，张良感觉风声没那么紧张了，就出来走走，走到下邳圯桥上，偶遇一位老人，穿着绛色的衣服，来到他的跟前。老人故意把一只鞋子落到桥下，对张良说："小伙子，去给我捡上来！"张良一下子愣住了。你谁呀？还支使我去给你捡鞋？想揍他。但是转念一想，他是一个老人，我不跟他计较。于是就下桥，把鞋子捡起来，交给老人。老人又说："给我穿上！"张良很生气，但是又想，捡都捡了，就给他穿上吧。于是就跪下来，替老人把鞋子穿上。老人笑一笑，走了。张良大为吃惊，目送老人离去。老人走了一里左右，又回来，对张良说："孺子可教也。五天之后，天亮时分，我在这里会你。"张良更是惊诧，回答说："好。"

◎圯桥进履（插画）

五天之后，天亮时

分，张良到了圯桥，发现老人已先他而至。老人很生气。赴老人之约，你居然还迟到，怎么回事啊？老人说："你走吧，过五天再来！"

再过五天之后，张良起了一个大早，鸡一叫，他就到了，没想到老人又先他而至。老人发脾气："你又迟到了，怎么回事啊？"又说："你再过五天，再来！"

又过五天之后，张良起得更早，半夜就到了。过了一会儿，老人才来。老人很高兴，对他说："这就对了。"然后从怀里拿出一本书，交给张良，并对他说："读此书，可以为王者师。过 10 年，你就发达了。13 年之后，你到济北谷城山下，看见那里有一块黄石，那就是我。"说完就走了。

老人就是传说中的黄石公，他送给张良的这本书，就是传说中的《太公兵法》。从此以后，张良就熟读这本书，辅佐刘邦得天下，封留侯。

扬州

烟花三月下扬州

扬州上

《禹贡》九州中，扬州的范围是最大的。《尚书・禹贡》讲：

淮海惟扬州。

意思是说，扬州位于淮河与黄海之间，西北至淮，东南至海，包括今江苏、安徽南部，上海、浙江、福建、江西全境，以及广东的一部分，今天的南京、苏州、杭州、绍兴、南昌、福州甚至广州等著名城市，都属于《禹贡》扬州的范围。唐代著名学者杜佑在《通典》一书中说，《禹贡》扬州的范围，包含了唐代所设置的39个郡、196个县。

扬州的“扬”，在古代又写作杨树的“杨”。关于扬州的得名，主要有三种解释。有人从地理的角度解释说：

◎扬州古运河（江苏扬州）

“扬州州界多水，水波扬也”，故曰扬。

——刘熙《释名》

有人从风土人情的角度解释说：

江南其气燥劲，厥性轻扬，故曰杨。杨，扬也。

——李巡《尔雅注》

还有人从植物的角度解释说：

地多赤杨，因取名焉。

——许嵩《建康实录》引《春秋元命苞》

三种解释都可参考。通过这三种解释，我们还可以看到扬州的若干特点：一是多水，二是多杨树，三是人性“轻扬”。

需要说明的是，今天的扬州虽然是《禹贡》扬州的一部分，可是在隋唐以前它并不叫扬州，它最早叫邗城，后来又叫广陵，又叫江都。隋文帝开皇九年（589）置扬州总管府，治所在今天的扬州。这之后，今天的扬州这个名称才逐步固定下来。

因此我们讲扬州，要有“大扬州”和“小扬州”这两个概念。《禹贡》扬州，隋唐以前的扬州，都是“大扬州”，隋唐以后的扬州则是“小扬州”。今天的扬州是历史上最小的扬州，它只是江苏省的一个地级市，辖 3 个区、1 个县，代管 2 个县级市。

《禹贡》扬州实在是太大了，这里讲不了那么多，只能重点讲讲隋唐以后的扬州，也就是“小扬州”。

人生只合扬州死

说到扬州，相信大家很快就会想到李白的《黄鹤楼送孟浩然之广陵》这首诗：

> 故人西辞黄鹤楼，烟花三月下扬州。
> 孤帆远影碧空尽，唯见长江天际流。

李白站在黄鹤楼下的江边码头上，久久地目送孟浩然乘船东去，一直到船帆的影子消失在碧空，眼前只剩下一江春水，他还在那里深情地凝望。为什么呢？难道仅仅是出于对孟浩然的留恋吗？应该说，还有一个重要的原因，这就是对孟浩然的羡慕。“烟花三月下扬州”，多好的去处啊，又是多好的季节啊！扬州本来就值得去看一看，更何况又是在“烟花三月”呢？这孟浩然出游，真会选地方，也真会选季节。

事实上，李白之前并非没有到过扬州。他25岁左右出川，“仗剑去国，辞亲远游”，当年就到了扬州。他在《上安州裴长史书》这篇文章中回忆说：

> 曩昔东游维扬，不逾一年，散金三十余万，有落魄公子，悉皆济之。此则是白之轻财好施也。

“维扬”就是扬州。李白后来又多次去过扬州。他写扬州的作品也很多，仅仅是《扬州历代诗词》一书就收了他13首诗。

唐代另一位大诗人杜甫早年曾经漫游吴越，但是不知什么原因，他没有去过扬州。这成为他一生的遗憾。他有一组诗名叫《解闷十二首》，其中第二首写道：

商胡离别下扬州，忆上西陵故驿楼。
为问淮南米贵贱，老夫乘兴欲东流。

诗中的“西陵故驿楼”在绍兴，不在扬州。但是杜甫对扬州是非常向往的。有一个胡商要去扬州，临走之前和他告别，他就表达了乘兴东游扬州的愿望。他想亲自去了解一下，扬州的米价究竟如何。

其实这是文学的一种“以少总多”的写法，杜甫所关注的，并不

仅仅是扬州的米价。他所关注的，更多的应该是整个扬州的经济发展水平、物价水平和人民生活水平，还有扬州的大街小巷、自然景观和历史名胜。遗憾的是，这个时候的他正由于“安史之乱”而漂泊在成都，不久又离开成都，在夔州、江陵、岳阳、郴州一带漂泊，最后竟死在岳阳平江附近的一条小船上。杜甫没到扬州，是他的遗憾，也是扬州的遗憾。杜甫和李白不一样，他是一位写实主义的诗人，如果他到了扬州，一定会非常具体而生动地描写扬州的繁华，从而为唐代的扬州留下形象的记录。

扬州对唐代诗人来讲，实在是一种诱惑。据统计，唐代有 160 多位诗人到过扬州，其中知名诗人就有 20 多位。在 50000 余首《全唐诗》

◎扬州夜景

中，写扬州的诗歌就有 500 多首。这些作品内容丰富，从不同的侧面描写了扬州的繁华。

唐代的扬州究竟有多繁华？《旧唐书》称“江淮之间，广陵大镇，富甲天下”；《新唐书》称“扬州雄富冠天下”。宋代著名学者洪迈的《容斋随笔》一书讲得更具体：

> 唐世盐铁转运使在扬州，尽斡利权，判官多至数十人，商贾如织。故谚称“扬一益二”，谓天下之盛，扬为一而蜀次之也。

“益”，就是益州，益州的州治在成都。所谓“扬一益二”，就是说论繁华程度，扬州第一，成都第二。扬州的繁华程度不仅超过了西京长安和东都洛阳，也超过了南方的成都，它在唐代的经济地位相当于今天的上海，是名副其实的一线城市。

唐代的扬州不仅繁华，它的城市风貌也是别具一格的，几乎就是一座不夜城。唐代诗人王建的《夜看扬州市》写道：

> 夜市千灯照碧云，高楼红袖客纷纷。
> 如今不似时平日，犹自笙歌彻晓闻。

王建是中唐时期的人。“安史之乱”爆发之后，“开元盛世”就结束了，这个时候的唐朝已经不再是承平之日，但是扬州依然繁华，这里的“笙歌”还像早前那样通宵达旦。诗人张祜的《纵游淮南》一诗写道：

> 十里长街市井连，月明桥上看神仙。
> 人生只合扬州死，禅智山光好墓田。

市井繁华，美女如云，名胜之地更是风光无限，一切都令人流连忘返。诗人不仅在生向往扬州，还希望死了也葬在扬州，可见唐代的扬州对诗人来讲，几乎成了一种致命的诱惑。

至今千里赖通波

唐代扬州的繁华，有赖于大运河的开通。甚至可以说，整个扬州的历史，都是与大运河紧密联系在一起的。大运河畅通，南北物资、文化交流频繁，扬州就繁华，否则就衰落。

大运河北起北京，南至杭州，沟通海河、黄河、淮河、长江和钱塘江五大水系，全长1797公里，在扬州境内就有150公里，将近总长度的十分之一。所以扬州是一座最为知名的运河城市。

讲到扬州的运河，有三个人是不能不讲的：一个是春秋时的吴王夫差，一个是西汉时的吴王刘濞，一个是隋炀帝杨广。

最早的扬州，是东夷人在这里建立的邗国。周敬王三十四年（前486），吴王夫差大败越国，俘虏了越王勾践。接着挥师渡江，吞并了江北的邗国。然后又把目光投向北方，要与强大的齐国争夺霸权。

吴国地处长江下游地区，它的精锐之师是水师。而在当时，长江与北方的淮河之间并没有水道连通，吴军要通过水道北上，只能出长江口由海路进入淮河，但是海上风高浪急，行船艰难。怎么办呢？经过深思熟虑，吴王夫差作出了一个重大的战略决策：在江、淮之间开挖一条人工河。这条人工河就是最早的一段运河，叫邗沟，全长190公里，其中150公里就在今天的扬州境内。有了这条运河，吴国的兵船就能轻松地进入淮河，进而驶入北方的泗水、沂水和淄水，实现北上争霸的战略意图。

吴国一边开挖邗沟，一边在邗国旧城的基础上建设新城，这就是最早的扬州城。扬州人认为，运河的开挖与扬州城的兴建是在同一年，迄今已有 2500 多年的历史了。

汉高祖十一年（前 196），刘邦的侄子刘濞被封为吴王。当时的吴国领三郡五十三城，都广陵（扬州）。境内南有铜山，东有大海，刘濞就在这里“即山铸钱，煮海水为盐”。在汉武帝以前，铸钱、制盐、冶铁这三大手工业还没有收归国有，吴王刘濞的铸钱和制盐都是合法的。他铸的钱可以在全国通行，他制的盐也可以在国内其他地区销售。

为了运盐的方便，刘濞主持开挖了一条邗沟的支流，这就是扬州湾头至泰州的那条运盐河。这条运盐河的意义非同小可，后来扬州成为千年盐运中心，产生许多富甲天下的大盐商，与这条运盐河的开挖是有直接关系的。

邗沟与运盐河的开通，造就了扬州早期的富裕与繁华。在今天的扬

◎古邗沟（江苏扬州）

州城里，还有一座邗沟大王庙，又叫吴王庙，里面供奉着两位吴王，一位是开挖邗沟的吴王夫差，一位是开挖运盐河的吴王刘濞。

隋朝统一中国南北之后，全国的经济重心逐渐由黄河流域转移到长江流域。公元 605 年，也就是隋炀帝即位的大业元年，为了加强洛阳与南方经济发达地区的联系，保证南方的物资源源不断地运往北方，隋炀帝下诏疏浚、拓宽邗沟，同时开凿“通济渠”，也就是从洛阳经淮河再到扬州的那一段运河（又称“汴河”）。公元 608 年，隋炀帝又下诏开凿从洛阳到涿郡（今北京）的那一段运河（又称“永济渠”）。公元 610 年，他又下诏开凿从扬州到杭州的那一段运河，也就是江南运河。至此，大运河在历史上实现第一次全线贯通。

正是得益于大运河的全线贯通，扬州迎来了历史上最繁华的一段时期。隋唐时的扬州，完全取代了六朝建康（今江苏南京）的地位，成为长江下游最大的政治和经济中心。尤其是“安史之乱”后，唐朝政府的财政收入主要来源于江南，而江南的物资都要先在扬州集中，然后起运北上或转输各地。扬州不仅是全国最大的物资转运站和集散地，也是当

◎今日繁忙的京杭大运河（江苏扬州段）

时最发达的工商业城市。

晚唐五代之际、两宋之际、元明之际和明清之际，扬州多次惨遭战争的破坏，人民死难无数，经济凋敝，市井萧条。但是，一旦战争结束，政治稳定，凭借大运河的优势，扬州的经济又得到恢复并逐步繁荣起来。例如清代乾隆年间就是这样：

> 四方豪商大贾，鳞集麇至。侨寄户居者，不下数十万。
>
> ——卫哲治等《乾隆淮安府志》

一直到清朝末年，由于战争的破坏，再加上洪灾等多重原因，运河淤塞严重，清政府决定“废河运，行海运”，扬州才失去先前的优势，由隋唐时的一线城市变成后来的三线城市。

古代的史书和民间文学对隋炀帝几乎没有讲过一句好话，倒是有些诗人还能客观、公道一点，例如唐代著名诗人皮日休的《汴河怀古》一诗就这样写道：

> 尽道隋亡为此河，至今千里赖通波。
>
> 若无水殿龙舟事，共禹论功不较多。

所谓“水殿龙舟事”，是指隋炀帝当年三幸江都时的奢华与扰民之事。皮日休认为，如果没有这件事，那么隋炀帝开通大运河的功劳，是可以和大禹治水相提并论的。

隋炀帝杨广对于扬州的贡献，不仅在于他主持开通了大运河，从而促成了扬州的千年繁华，还在于他在任扬州大总管的九年期间，为扬州、为南方、为南北物资与文化的交流，做了大量的工作。

公元 587 年，隋文帝开始统一中国南北，先灭后梁，再灭陈。杨广作为行军元帅，率 51 万人马，兵分八路，攻破陈的都城建业，俘虏了陈后主，从而使分裂了 270 余年的中国重新归于统一。

需要指出的是，这种统一，最初还只是版图的统一、政治的统一。如何在版图统一、政治统一的基础上，实现南北方在物资、文化方面的充分交流，从而建设一个政治稳定、经济繁荣、文化昌盛的国家，这个任务其实更为繁重。可以说，正是在实现中国南北方物资、文化的充分交流方面，杨广做出了历史性的贡献。

隋朝统一中国南北之后不久，杨广出任扬州大总管，一做就是九年。他这九年做了些什么呢？主要有这样几个方面：

第一，促成朝廷颁布命令，在原来陈的土地上（也就是长江中上游以外的南方）免税 10 年。

第二，在扬州建立南方新的政治和文化中心，用以取代将近三个世纪都是南方政治和文化中心的建康。扬州在六朝时只是一个郡城，在杨广的主持之下，被建成与京都大兴、东都洛阳鼎足而三的一个都城，即江都。

第三，在扬州建造佛寺和藏经馆，组织收集和重抄在战乱中分散在

各地的佛经，召集南方著名高僧至扬州从事宗教和学术研究工作。开皇十一年（591），杨广在扬州为1000名南方僧人广设斋席。

与此同时，他还在扬州建了两座道观，邀请南方学识渊博的道长来

◎扬州运河夜景

主持。还请吴郡著名儒家学者潘徽来扬州讲学和写作。此人后来又组织江南诸儒，编撰了 120 卷的《江都集礼》。

对南方的佛教、道教和儒学，杨广都是非常尊重的，除了礼遇佛、道、儒三方面的代表人物，他还在扬州凝聚了 100 多位著名的南方文人。

他做这些事，是有他的战略意图的，就是团结南方的文化精英，缓和南方人的反隋情绪，同时也向南方人表明，新王朝同样珍视文化遗产，同样重视文化建设。

一个不争的事实是，在他任扬州大总管的九年期间，南方再也没有发生过叛乱。而在他最初赴任扬州大总管的时候，南方的反隋情绪是很强烈的。这表明，他在南方所采取的一系列措施是成功的。

杨广是一个很有才学的人。《隋书·炀帝纪》说他“美姿仪，少敏慧”“好学，善属文”。他在文学、佛学等方面均有精深的造诣。他对南方文化是很熟悉的，也是很热爱的。作为一个北方人（祖籍陕西华阴），他能讲一口流利的“吴语”，这一点就很难得。

杨广对南方文化持正确态度，得益于他娶了一位南方籍的萧皇后。这位萧皇后，就是梁代昭明太子萧统的玄孙女。《剑桥中国隋唐史》这样写道：

> 这位年轻的姑娘受过很好的教养；她聪明好学，很有文采。杨广爱她，并尊敬她。作为萧后，她是杨广的终身伴侣和知心人。很可能她给他介绍了南方的生活方式，并促使他热爱南方，几乎到了着迷的程度。

在扬州城西北 15 里，一个叫雷塘的地方，就是隋炀帝陵墓之所在。唐代诗人罗隐的《炀帝陵》写道：

©隋炀帝陵遗址公园（江苏扬州）

入郭登桥出郭船，红楼日日柳年年。
君王忍把平陈业，只博雷塘数亩田。

这首诗的第一句，是说扬州城内外水路畅通，进城有桥，出城有船，言下之意，这应归功于隋炀帝开通大运河。第二句中的“红楼”，是指隋炀帝当年在扬州修建的江都宫。据说江都宫内还有十座宫，宫与宫之间都种了许多柳树，炀帝在江都宫里前后住了三年。第三、四句，感叹隋炀帝的悲惨结局。他当年为行军元帅，率 51 万人马，兵分八路，攻破陈的都城建业，俘虏了陈后主，使分裂了 270 余年的中国重新归于统一，这可是彪炳史册的大业啊，但是到最后，这平陈大业，怎么只换得雷塘的区区几亩墓田呢？

这首诗肯定了隋炀帝的平陈大业和开通大运河的功绩，但是对他营造江都宫提出了批评，对他最后身死国灭的悲惨结局则表示惋惜。总体来讲是有褒有贬，评价还是比较客观的。

春江潮水连海平

扬州下

扬州的富庶和繁华，培育了多姿多彩的扬州文化。仅仅是在文学方面，就出了不少名家，例如唐代的著名诗人张若虚，南唐的著名词人冯延巳，北宋的著名词人秦观，清代的著名古文家汪中，还有现代的著名作家朱自清，当代的著名作家汪曾祺等，都是中国文学史上第一流的人物。

©瘦西湖（江苏扬州）

扬

张若虚的《春江花月夜》

史书上关于张若虚的记载很少，一般只知道他是扬州人，做过兖州兵曹，与贺知章、张旭、包融并称“吴中四士”。他留下来的诗也只有两首，其中一首名《春江花月夜》，这是唐诗中的经典作品。

《春江花月夜》是乐府旧题，最早写这个题目的人是陈后主。宋人郭茂倩的《乐府诗集》收录了五位诗人的七首《春江花月夜》，写得最好的是两个人，一是隋炀帝，一是张若虚。

陈后主的《春江花月夜》是宫体诗，隋炀帝超越了陈后主，他的《春江花月夜》不再是宫体诗，尤其是第一首，可以说是气象博大的写景诗。张若虚的《春江花月夜》又超越了隋炀帝，它不但写了春江花月夜的纯净、优雅、灵动之美，还写了月光下的缠绵悱恻的爱情，更写了由月光引起的关于宇宙人生的思考。我们且看诗中的这几句：

江畔何人初见月？江月何年初照人？
人生代代无穷已，江月年年望相似。
不知江月待何人，但见长江送流水。

现代著名诗人闻一多先生对这首诗的评价非常高，他说这首诗“有的是强烈的宇宙意识，被宇宙意识升华过的纯洁的爱情，又由爱情辐射出来的同情心。这是诗中的诗，顶峰上的顶峰。”（闻一多《唐诗杂论》）

我对闻一多先生的这一段话表示赞同。我要补充的是，张若虚的这首《春江花月夜》，在写景方面深受隋炀帝的《春江花月夜》的影响。我们来看看隋炀帝的诗：

暮江平不动，春花满正开。
流波将月去，潮水带星来。

这首诗写了“春”“江”“花”“月”四个意象，虽然没有出现“夜”字，但实际上写的都是夜景，可以说是“春”“江”“花”“月”“夜”都写到了，内容和题目扣得很紧。

再看张若虚《春江花月夜》的开头六句：

春江潮水连海平，海上明月共潮生。
滟滟随波千万里，何处春江无月明。
江流宛转绕芳甸，月照花林皆似霰。

也写了“春”“江”“花”“月”四个意象，诗的开头没有出现“夜”字，但是在诗的中间和后半部分，“夜”字出现了两次：

谁家今夜扁舟子，何处相思明月楼。
……
昨夜闲潭梦落花，可怜春半不还家。

也是“春”“江”“花”“月”“夜”都写到了，内容和题目扣得很紧。

因此我们可以说，张若虚在写作这首《春江花月夜》之前，认真地研究了隋炀帝的《春江花月夜》。

值得注意的是，张若虚的这首《春江花月夜》，写的是哪里的春江花月夜呢？我个人认为，可能就是扬州的春江花月夜。我的依据有三：

第一，先说“月”。在“春”“江”“花”“月”“夜”这五个意象中，

©瘦西湖夜景（江苏扬州）

中心意象是“月”，如果“月”不是超常的明亮，那么月光下的春江也好，花也好，夜也好，都不可能有超常的美。这超常明亮的“月”出现在哪里呢？我以为就在扬州。扬州的明月是天下闻名的，唐代诗人徐凝的《忆扬州》写道：

天下三分明月夜，二分无赖是扬州。

唐代诗人杜牧的《寄扬州韩绰判官》写道：

二十四桥明月夜，玉人何处教吹箫？

第二，再说花。扬州的花也是天下闻名的，尤其是阳春三月的花。李白的《黄鹤楼送孟浩然之广陵》写道：

故人西辞黄鹤楼，烟花三月下扬州。

唐代诗人韦应物的《酬柳郎中春日归扬州南郭见别之作》写道：

广陵三月花正开，花里逢君醉一回。

第三，再说江。长江沿线的城市很多，何以见得这首《春江花月夜》写的“江”就是扬州南岸的长江呢？有一个重要证据，就是滨海，所谓“春江潮水连海平，海上明月共潮生”。唐代的扬州管辖今天的南通市和盐城市南部，滨黄海。

月是扬州的月，花是扬州的花，江是扬州的江，张若虚又是扬州人，因此我认为，他这首《春江花月夜》很有可能就写在扬州，是扬州本土产生的佳作。

杜牧在扬州

一个地方的知名度高不高，影响大不大，有一个很重要的参照，就是看它是否经常被文学作品所书写，经常被读者所感知，是否因此而成为一个文学意象。九州就是这样，九州所属的冀州、青州、兖州、徐州、扬州、荆州、豫州、梁州、雍州也多是这样，它们多是著名的文学意象。

扬州作为一个著名的文学意象，曾经被许多诗人书写过，写得最多的是唐代诗人，其中最有名、最为人们所津津乐道者，就是杜牧。

杜牧（803—852），字牧之，京兆万年（今陕西西安）人。他是晚唐著名诗人，与晚唐另一位著名诗人李商隐并称“小李杜”。他的好诗很多，尤其是七言绝句，情致俊爽，韵味深长，历来受到人们的赏爱。

杜牧有多首写扬州的七言绝句，几乎每一首都脍炙人口。例如《遣怀》：

落魄江湖载酒行，楚腰纤细掌中轻。
十年一觉扬州梦，赢得青楼薄幸名。

有的版本把“江湖”写作“江南”，这是错误的，因为隋唐以后的扬州在江北，不在江南。

这首诗的主题，在我看来，可以用两个字来概括，就是“反省”，或是“悔悟”。说自己在扬州的那几年，没有干什么有意义的事情，不过是诗酒风流，与青楼女子多有来往，把大好的青春都浪费掉了。最后的结果是，连青楼女子都看不起自己，简直是糟透了。现在回忆起来，就像是一场梦。

这种毫不掩饰地反省自己的作品，原是很难得的，影响也很大。有人同情他的怀才不遇，有人艳羡他的诗酒风流，甚至据此而编故事，说杜牧在扬州牛僧孺幕府任判官和掌书记期间，经常在下班之后脱掉官服，穿上便装，去歌舞场所游玩。牛僧孺考虑到他的安全，居然派出30多个兵卒，换上便装，悄悄地尾随他，以防出现意外。后来杜牧被召进京，临别的时候，牛僧孺就告诫他说，以后要严格要求自己，不要太放纵，尤其要少去那些歌舞场所。杜牧刚开始还不承认，牛僧孺就拿出一个文件箱，里面全是尾随他的兵卒写给牛僧孺的几百件密报，例如:“某夕，杜书记过某家，无恙。”“某夕，宴某家，无恙。”杜牧看到这些密报，就很惭愧，从此对牛僧孺的宽容终生怀着感激之情（丁用晦《芝田录》）。

杜牧还有一首《赠别》:

娉娉袅袅十三余，豆蔻梢头二月初。
春风十里扬州路，卷上珠帘总不如。

这首诗是赞美一个未成年少女的，说她婀娜多姿，很清纯，比扬州城里那些成年的美女好看多了。这首诗后来也被好事者拿去编故事，说杜牧看上了一个13岁的女孩子，很想纳她为妾，但是又觉得她年纪太小，于是就嘱咐她的母亲:好好看着她，不要许诺给别人，五年之后我来娶她。

这些故事多是编造的，但是在这一类作品的传播过程中，这些故事起了很大的作用，使得作品传播得更广。这样杜牧在扬州的形象，就完全是一个风流才子的形象了。

实事求是地讲，杜牧年轻时，确有诗酒风流的一面，但是就他的整个一生来看，他还是一个很有社会责任感、很关心国计民生的诗人。他主张加强农业生产，增强中央政府的实力。主张削平藩镇，巩固边防，收复失地，统一全国。他的这些主张，在他的许多作品中都有生动的反映。可惜的是，人们大多忽略了他这主要的一面，而把他诗酒风流的一面夸大了。

杜牧还有一首《寄扬州韩绰判官》：

> 青山隐隐水迢迢，秋尽江南草木凋。
> 二十四桥明月夜，玉人何处教吹箫？

关于这首诗，人们也有一个误解，说诗题中有“扬州”二字，诗句中又有“江南”二字，前后矛盾。隋唐以后的扬州不在江南，在江北，

杜牧显然搞错了。

其实，据有关学者考证，杜牧这首诗是他在宣州的时候写给在扬州的韩绰判官的。（戴伟华《杜牧诗中“扬州”非“江南”考述》）唐文宗大和四年至七年（830—833），杜牧在宣歙观察使沈传师的幕府当幕僚，住在宣州。大和七年之后，他才到扬州来，在淮南节度使牛僧孺的幕府任判官和掌书记。宣州在江南，杜牧这首诗的前两句就是写他在宣州看到的景象，说宣州所在的江南已是秋尽冬来，草木凋零，无甚可观，令人感到寂寞，而江北的扬州则一派繁华，有明月下的二十四桥，还有美丽的吹箫歌女，因此韩绰判官在扬州，令他好生羡慕。

杜牧写扬州的这些诗影响都很大，许多没有到过扬州的人，就是通过杜牧的这些诗来认识扬州的。从这个意义上讲，杜牧可以说是扬州的形象代言人。

◎二十四桥全景夜色（江苏扬州）

欧阳修与平山堂

宋代也有不少诗人到过扬州。据统计，到过扬州的宋代诗人不少于唐代，他们留下的佳作也不亚于唐代。正是由于唐宋诗人的光临和写作，使得扬州的不少自然和人文景观成为著名的文学景观。

扬州的文学景观是比较多的，著名的有古运河，有隋炀帝陵，有迷楼遗址，有瓜洲古渡，有禅智寺，有平山堂，这些都是经常被文学家书写的地方。我这里只讲一个文学景观，即平山堂。

平山堂最初是由北宋著名文学家欧阳修建的。宋仁宗庆历八年（1048）二月，欧阳修由滁州知州改任扬州知州。我们知道，他在滁州写过一篇很有名的《醉翁亭记》，记叙了他在滁州寄情山水的快乐，所谓“醉翁之意不在酒，在乎山水之间也”。但是扬州和滁州不同，滁州是“环滁皆山也”，而扬州在江淮平原上，地势平坦，没有山，只有城西北的蜀冈地势稍微高一点，但也不是山。没有山，景不全，怎么办呢？有一天，他带着僚属到了蜀冈的大明寺，发现在大明寺的西南角有一排破败的僧房，他于是就有了主意：借景。他召集工匠把僧房中间的正面墙壁拆除，把它改建成敞轩式的堂庑。站在堂前，就可以平视江南诸山了。于是他就给这个堂取了一个名字：平山堂。他很得意地给老朋友韩琦写信说：

◎大明寺的平山堂（江苏扬州）

独平山堂占胜蜀冈，江南诸山，一目千里。

——欧阳修《与韩忠献书》

平山堂建成之后，他就经常召集朋友在那里纳凉、赏景、饮酒、赋诗，极尽风雅之事。这样平山堂在欧阳修的朋友圈里就有些名气了，但名气还不是很大，因为还没有产生名篇佳作。

八年后，也就是宋仁宗嘉祐元年（1056）春天，刘敞（字原甫）由汴京出知扬州，这个时候的欧阳修在汴京，他就在家中设宴，为刘敞饯行，即席写了一首词，名《朝中措 · 送刘仲原甫出守维扬》：

平山栏槛倚晴空。山色有无中。手种堂前垂柳，别来几度春风。　　文章太守，挥毫万字，一饮千钟。行乐直须年少，尊前看取衰翁。

这首词就是一首名作。它好在哪里呢？简要地讲，主要有两点：一是风格豪放，一气呵成，不像传统的送别词那样委婉曲折；二是写景富有特色。例如“山色有无中”，本是唐代诗人王维《汉江临泛》中的一句（“江流天地外，山色有无中”），但是借用在这里却像原创，生动地体现了山色的倏忽变化与观景之人的独特感受。

欧阳修本是声望很高的文坛领袖，他的这首词又写得很成功，于是许多文人受了他的影响，都去看平山堂，写平山堂。据统计，在两宋时期，曾经写过平山堂的诗人或词人，除了欧阳修，还有梅尧臣、王安石、苏轼、苏辙、黄庭坚、秦观、晁补之等，总计不下于 30 人。正是由于许多名人都去过平山堂，并且留下了不少名篇佳作，平山堂就由一个普通的景观变成了一个著名的文学景观。由于它的著名，在历史上就不断地被扩建或者重建，仅仅在宋代，就重建了四次。

荆州

折戟沉沙铁未销

荆州上

荆

《尚书·禹贡》讲：

荆及衡阳惟荆州。

荆就是荆山，在今湖北省南漳县西部。衡阳就是衡山之南。这个范围是很大的，包括今湖北、湖南两省全部和广东、贵州、河南三省的部分地区。

荆是何意？刘熙《释名》认为，荆州得名于荆山。又说：

荆，警也。南蛮数为寇逆，常警备也。

《尔雅·释地》说：

汉南其气燥刚，禀性强梁，故曰荆。荆，强也。

◎荆州东门城门（湖北荆州）

荆州作为《禹贡》九州之一，不但面积大，地位也很重要。春秋战国时期，它是楚国的政治中心所在地，楚国的都城郢都就在今天的荆州市荆州区纪南城。两汉时，它是全国十三个刺史部之一。三国时，它是魏、蜀、吴用尽心机反复争夺的战略要地。东吴大将鲁肃对孙权说：

> 荆州与国邻接，江山险固，沃野万里，士民殷富。若据而有之，此帝王之资也。
>
> ——司马光等撰《资治通鉴》

刘备三顾茅庐时，诸葛亮也说荆州是“用武之国”，建议刘备先据有荆州。曹操统一北方之后，在南方第一个要拿下的州就是荆州。可见荆州的战略地位是非常重要的。

直到今天，一说到荆州，人们还会想到这样两句话：一句是“刘备借荆州，有借无还”；一句是“大意失荆州”。

“借荆州”也好，“失荆州”也好，都是三国时期的故事，因此我这里主要讲三国时期的荆州。

东汉时，荆州所辖共有七郡，其中最北边的一个郡，叫南阳郡；南阳郡最南边的一个县，叫邓县；邓县有一处山冈，叫隆中，这就是诸葛亮当年躬耕陇亩之处。

诸葛亮在《出师表》中讲：

> 臣本布衣，躬耕于南阳。

但是在司马光的《资治通鉴》里，又是这样讲的：

> 初，琅邪诸葛亮寓居襄阳隆中。

这是怎么一回事呢？究竟是南阳隆中还是襄阳隆中？究竟是诸葛亮讲错了还是司马光讲错了？事实上，他们都没有讲错。因为在北周的时候，邓县在行政区划中被省掉了，隆中这个地方被划到了襄阳县。当代著名历史地理学家谭其骧先生讲：

> 诸葛亮躬耕于南阳郡邓县之隆中，在襄阳城西二十里，北周省邓县，此后隆中遂属襄阳。

诸葛亮本是琅邪郡阳都县人，也就是今山东省临沂市沂南县人。他七岁的时候，父亲就去世了。他有一个叔叔叫诸葛玄，时任豫章太守，就把他带到了南昌。但是没过多久，诸葛玄的豫章太守这个位置被别人抢走了。好在诸

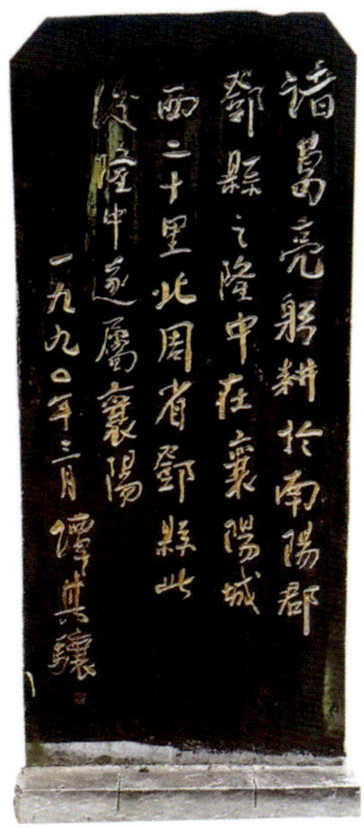

◎谭其骧题辞碑（湖北襄阳）

葛玄和荆州刺史刘表的关系素来不错，于是他就去荆州投靠刘表。诸葛亮就是这样跟随他的叔叔诸葛玄来到荆州的。

东汉建安十二年（207），刘备到了荆州。有一天，他去拜访当地名士司马徽，想请他出山。司马徽说：我只是一介书生，不识时务，“识时务者在乎俊杰”，你应该去请诸葛孔明和庞士元。

过了几天，当地另一位名士徐庶去拜访刘备，对他说：“诸葛孔明，卧龙也，将军愿意见他吗？”刘备说：“愿意呀，你带他一块来吧！”徐庶说：“这个人哪会不请自来？你还是亲自上门去请他吧！”于是就有了三顾茅庐的故事。

小说《三国演义》把三顾茅庐的故事写得跌宕起伏、妙趣横生，许多人以为这是小说家的虚构。应该说，某些细节是出于虚构，但基本事实还是真实的。《三国志·诸葛亮传》就是这样写的：

> 由是先主遂诣亮，凡三往，乃见。……于是与亮情好日密。关羽、张飞等不悦，先主解之曰：“孤之有孔明，犹鱼之有水也。愿诸君勿复言。”羽、飞乃止。

刘备说他得孔明，如鱼得水，这话一点不假。在此之前，他是一个很有志气的人，但是一直没有方向，像一只无头苍蝇，到处撞。先是投奔公孙瓒，后来又投奔袁绍，再后来又投奔刘表。辛苦奔波了大半生，连一寸地盘都没有。幸亏在隆中见到了诸葛亮。诸葛亮对他最大的帮助，就是给他做了一个顶层设计，这样他才有了努力的方向。

诸葛亮给他分析说，自董卓以来，豪杰并起，目前最强大的豪杰有两个，一个是曹操，一个是孙权。

> 今操已拥百万之众，挟天子而令诸侯，此诚不可争锋。孙权据有江东，已历三世，国险而民附，贤能为之用，此可以为援而不

可图也。

那么，你该怎么做呢？你得先占领荆州。

荆州北据汉、沔，利尽南海，东连吴会，西通巴、蜀，此用武之国，而其主不能守，此殆天所以资将军，将军岂有意乎？

诸葛亮接着说，你占领荆州之后，再去占领益州。

益州险塞，沃野千里，天府之土，高祖因之以成帝业。刘璋暗弱，张鲁在北，民殷国富而不知存恤，智能之士思得明君。

诸葛亮最后总结说：

若跨有荆、益，保其岩阻，西和诸戎，南抚夷越，外结好孙权，内修政理；天下有变，则命一上将将荆州之军以向宛、洛，将军身率益州之众出于秦川，百姓孰敢不箪食壶浆以迎将军者乎？诚如是，则霸业可成，汉室可兴矣。

诸葛亮给刘备做的这个顶层设计，在我看来，就是两个“三”字。第一个“三”字，就是三分天下。曹操据有北方，孙权据有江东，刘备据有荆州和益州。第二个“三”字，就是三步走。第一步，据有荆州；第二步，据有益州，同时西和诸戎，南抚夷越，外结孙权，内修政理；第三步，待天下有变，一军向宛洛，一军出秦川。如此，则霸业可成，汉室可兴矣。

思路清晰，文字简洁。我统计了一下，诸葛亮的这个顶层设计，只用了 273 个字。由于说到刘备的心坎上去了，因此刘备的回复也很清晰和简洁，只有一个字：“善！”

长阪救主

三顾茅庐之后，刘备就开始实施他的第一步计划：据有荆州。那个时候，荆州还在他的本家兄弟刘表的掌控之下。

刘表这个人，虽然是一个名士，但也只是虚有其名，并无多少主见。他有两个儿子，长子叫刘琦，是前妻生的；次子叫刘琮，是后妻生的，后妻姓蔡。比较而言，刘琦的能力要强一点，但是刘表听信后妻和妻弟蔡瑁等人的谗言，宠爱刘琮，疏远刘琦。刘琦为了自保，就主动要求去做江夏郡太守。建安十三年（208），刘表去世。次子刘琮在蔡瑁等人的操作之下，接任荆州刺史。

这一年七月，曹操率兵南下，第一个目标就是拿下荆州。九月，曹操到了南阳郡的新野县，还没到荆州的襄阳，刘琮就举州投降了。曹操得了一个大便宜，事后还骂刘琮："生子当如孙仲谋，刘景升儿子若豚犬耳！"孙仲谋就是孙权，刘景升就是刘表。

曹操骂刘琮是豚犬，并没有委屈他。他投降之后，连消息都不敢告诉刘备。刘备是他的本家叔叔，刘表在世的时候，委托刘备去守樊城，樊城就在襄阳的东边。等刘备得知刘琮投降的确切消息时，曹军已经离樊城不远了。

刘备非常悲愤，他去襄阳刘表的墓上祭拜了一番，然后洒泪而别。这时候，刘琮左右的人，还有许多荆州人，都觉得刘琮太不靠谱，都要跟着刘备走。于是刘备就带上他们，往南郡的治所江陵方向走，走到当阳县境内时，已经有 10 多万人了，还有数千辆辎重，走得非常慢，一天只能走 10 多里。刘备身边的人对他说：这些人多是老百姓，能打仗的很少，走得又慢，不如放下他们，我们先走，尽快赶到江陵。刘备不同意。他说：

> 夫济大事必以人为本，今人归吾，吾何忍弃去！
>
> ——司马光等撰《资治通鉴》

请注意“以人为本”这四个字。这四个字，就是中国文化的优良传统。和当时的曹操、孙权相比，刘备是一个没有一寸地盘的人，但是他后来之所以能够和曹操、孙权三分天下，凭什么呢？首先就是人心所向。

既要赶到江陵，又不能丢下随行的 10 多万老百姓，怎么办呢？刘备就让关羽带着几百只木船先走，走水路，他和诸葛亮、张飞、赵云等，带着老百姓走陆路，约好在江陵会合。

江陵作为南郡的郡治，存有许多军用物资。刘备知道，曹操也知道。曹操见刘备往江陵走，生怕刘备抢先一步得到军用物资，就率轻骑五千，日夜追赶刘备，一日一夜走 300 余里。到了当阳县境内的长阪，差一点就追上了，幸亏有张飞断后。《三国志·关张马黄赵传》记载说：

> 表卒，曹公入荆州，先主奔江南。曹操追之，一日一夜，及于当阳之长阪。先主闻曹公卒至，弃妻子走，使飞将二十骑拒后。飞据水断桥，瞋目横矛曰：“身是张益德也，可来共决死！”敌皆无敢近者，故遂得免。

小说《三国演义》关于这一段的描写也是绘声绘色的，但是它写曹操身边的夏侯杰听到张飞一声吼，“惊得肝胆碎裂，倒撞于马下”，则未

◎长阪坡公园门楼牌匾（湖北当阳）

免有些夸张。

张飞“据水断桥”的故事发生在长阪，“赵子龙单骑救主”的故事也发生在长阪。《三国志 · 关张马黄赵传》记载：

◎赵子龙单骑救主遗址（湖北当阳）

> 及先主为曹公所追于当阳长阪，弃妻子南走，云身抱弱子，即后主也。保护甘夫人，即后主母也，皆得免难。

两个故事都是救主的故事，一个是救主公，一个是救幼主，而且都发生在同一时间、同一地界，都体现了刘备部下的勇敢和忠诚，因此长期以来为人们所津津乐道。

赤壁之战

曹操占领江陵之后，接着就顺江东下，准备拿下孙权掌控的江东六郡。这时候，诸葛亮就向刘备建议，过江游说孙权，两家联合抗曹。

诸葛亮到了柴桑（今江西九江），对孙权分析了当时的形势，陈述了利害关系，消除了孙权的顾虑。最终，孙权采纳了诸葛亮的意见，决定联合抗曹。《三国志·周瑜传》写道：

> 权遂遣瑜及程普等与备并力逆曹公，遇于赤壁。时曹公军众已有疾病，初一交战，公军败退，引次江北。瑜等在南岸。

这个赤壁在哪里呢？就在江夏郡沙羡县境内的长江南岸，也就是后来的蒲圻赤壁，今天的赤壁市赤壁镇。这是一个保存完好的古战场，属于全国重点文物保护单位。

初一交战，曹操就败了，所谓“引次江北”。这个江北是什么地方呢？就是江北的乌林，与赤壁隔江相对，属洪湖市管辖。

曹操初战失败的客观原因有两个，一是北方人不习水战，二是士兵染上了疾病。正是由于这两个原因，曹操就用铁链子把战船一条一条地首尾连接起来，还在船上铺了木板，这样士兵在船上行走，就不会因为颠簸而摔倒，乃至呕吐，疾病也会减轻很多。《三国演义》讲，是周瑜派庞士元（凤雏）过江，向曹操献了一个“连环计”。我在这里要强调一下，这是小说

◎赤壁古战场遗址（湖北赤壁）

家的虚构，于史无证。把船只首尾连接起来，这是曹操自己的主意。

但是曹操的这个做法，也让孙刘联军看出了破绽。周瑜手下有一员水军将领，叫黄盖，他对周瑜说：

> 今寇众我寡，难与持久。操军方连船舰，首尾相接，可烧而走也。
>
> ——司马光等撰《资治通鉴》

船只首尾相接，一旦烧起来，跑都跑不掉。周瑜采纳了黄盖的这个建议，决定用火攻。但是用火攻有一个条件，就是得有东南风。如果没有东南风，孙刘联军放的那一把火怎么烧得着江北的曹军呢？

在赤壁、乌林这一带，冬天是很少有东南风的，但也不是完全没有，偶尔也会有。关于这一点，周瑜、黄盖是知晓的，诸葛亮当然也知

◎赤壁古战场景区（湖北赤壁）

晓。《三国演义》用浓墨重彩写“七星坛诸葛祭风”，说东风是诸葛亮设坛祭来的。民间也深信此说。在今天的赤壁古战场，还保留着明朝人建的一处“拜风台”，又名武侯宫。我在这里也要强调一下，所谓诸葛亮设坛祭东风，也是小说家的虚构，于史无证。

遗憾的是，曹操并不知晓在初冬时节，这里也会有东南风的。他虽然是一位杰出的军事家，但是他并不熟悉赤壁、乌林这一带的天气特点。

于是，黄盖就给曹操写了一封信，说他要投降，这就是史书《江表传》和小说《三国演义》都写过的《诈降书》。曹操聪明机警，阅人无数，但是偏偏就信了黄盖的诈降，这是他的大意之处。民间认为，这是天意。

黄盖送达了《诈降书》，就准备了 10 艘大船，装上枯柴、芦苇，往上面浇油，再用帷幕盖上。又准备了一些行动快速的小船，系在大船的船尾，船里藏着少量的精锐士兵。然后选择一个东南风起的日子，从江南的赤壁出发，向江北的乌林行进。行进到江中，才把船帆升起来。旌旗招展，锣鼓齐鸣，曹操的将士以为黄盖投降来了，都出来看热闹。行进到离江岸两里左右的时候，黄盖命令 10 只大船同时放火，火借风势，风助火威，船行如箭，势不可当。烧尽了江北的船只，一直烧到岸上的军营。这时候，周瑜、刘备率领的 5 万人马也从陆路杀来，直奔曹军大营，也就是乌林这个地方。曹操大败，惊慌失措之中，带领残余人马，沿着华容道，向南郡方向逃窜。

这就是人们所津津乐道的赤壁之战。赤壁之战的特点，就是以少胜多、以弱胜强。孙刘联军以 5 万人马，打败了曹操 25 万人马。赤壁，这样一个名不见经传的江南小地方，也因此而名满天下。

许多人认为，曹操之所以大败，是因为他的骄傲轻敌。但是也有人认为，曹操之所以大败，是因为东南风帮了周瑜的忙。例如唐代著名诗人杜牧，就写有一首以《赤壁》为题的诗：

折戟沉沙铁未销，自将磨洗认前朝。
东风不与周郎便，铜雀春深锁二乔。

杜牧的这首诗，是一首脍炙人口的名作。由于这首名作的影响，赤壁的名气就更大了。在中国，可以说是家喻户晓。

需要指出的是，孙刘联军在赤壁之战中大败曹军，但是孙权并不是大赢家，大赢家是刘备。

东汉时的荆州，原有南阳、南郡、江夏、长沙、武陵、零陵、桂阳七个郡，赤壁之战后，曹操引军北还，但是仍然占有荆州北部的南阳郡，刘备表奏刘琦为荆州刺史，同时引兵占领了荆州南部的长沙、武陵、零陵、桂阳四郡。孙权辛苦了一场，只占有南郡和江夏郡。

建安十四年（209），也就是赤壁之战后的第二年，刘琦病死，孙权为了让刘备来抵御北方的曹操，加上刘表、刘琦的那些老部下都听刘备的，于是他就做个人情，表奏刘备为荆州刺史。但是，荆州的重心在南郡，没有南郡，怎么守荆州呢？于是刘备就向孙权借南郡。孙权从大局考虑，就答应了。所谓“刘备借荆州”，实际上只是向孙权借了荆州的南郡，并非整个荆州。

建安十九年（214），刘备留下关羽守荆州，他带着张飞、赵云等去攻打益州。益州拿下来之后，孙权就派诸葛亮的哥哥诸葛瑾去找刘备讨还荆州，刘备就说，请你们再等一等，等我打下了凉州，就还荆州。这样孙权就很生气，直接向长沙、零陵、桂阳三郡派官员，结果都被关羽赶走了。孙权大怒，派吕蒙率兵两万，直取这三郡。刘备得到消息，就从成都赶到南郡，派遣关羽和吕蒙争夺这三郡。这样一来，孙刘两家的关系就很紧张了，孙刘联盟有瓦解的危险。

建安二十年（215），曹操攻打汉中。汉中是益州的咽喉，曹操打汉中的目的，就是为了打益州。刘备担心失了益州，就派人向孙权求和，孙权答应了。两家通过协商，重分荆州。怎么分呢？以湘水为界，湘水以东的江夏、长沙、桂阳三郡归孙权，湘水以西的南郡、武陵、零陵三郡归刘备。

赤壁之战前，刘备占有长沙、零陵、武陵、桂阳四郡，只向孙权借了南郡。这一次通过协商，虽然保留了南郡，却让出了长沙、桂阳二郡，借一还二，相当于连本带息都还了。因此，“刘备借荆州，有借无还”这句话，是不符合历史事实的。长期以来，有些人不守信用，借了人家的钱财不还，还拿“刘备借荆州，有借无还”这句话为自己开脱，这是要不得的。

这样一来，刘备在荆州，就只有南郡、零陵、武陵三郡了。这三郡，继续由关羽把守。

建安二十四年（219），曹操的部将曹仁率兵占领了南郡的樊城。关羽让南郡太守麋芳守江陵，自己带兵去救樊城。正是这个时候，孙权背叛了孙刘联盟。他趁关羽救樊城之机，派吕蒙偷袭南郡，同时还占领了零陵、武陵二郡。

关羽失了荆州。但是请注意，所谓“失荆州”，失去的只是南郡、零陵、武陵三郡，并非荆州全境。

关羽失了荆州，就西走麦城。麦城在哪里呢？就在当阳的东南面，最后被东吴的马忠杀害。他的坟墓也在这里。

当阳属于荆州南郡，今属湖北省宜昌市。这里有着太多的三国记忆，张飞“据水断桥”的故事发生在这里，“赵子龙单骑救主”的故事发生在这里，关羽“败走麦城”的故事也发生在这里。

◎关陵（湖北当阳）

佳人才子俱坚贞

荆州下

说到荆州，就会令人想到大诗人屈原，还有著名田园诗人孟浩然、著名边塞诗人岑参、著名现代诗人闻一多；想到美女王昭君，想到帝子投江、柳毅传书这些神话故事。荆州的这些历史和神话人物，都有一些坚贞品质、理想色彩和浪漫情怀。这和荆州的地理环境是有重要关系的。

荆州的地理环境有三大特征：

一是河湖众多，水网密布。湖北是著名的“千湖之省”。据统计，至 20 世纪四五十年代，湖北还有 1066 个湖泊。湖南的湖泊比湖北的少，但是比湖北的大。湖北最大的湖是洪湖，它在洪水期的面积是 440 平方公里；湖南最大的湖是洞庭湖，它在洪水期的面积则有 2800 平方公里。湖北既是“千湖之省”，也是“千河之省”。据统计，至 20 世纪

◎浀水水库（湖北荆州）

四五十年代，湖北境内有近 1200 条河流。长江在湖北境内横穿而过，它在湖北境内的支流主要有汉江，其次还有清江。湖南境内的河流更多，有 4700 多条，其中最著名的有湘水、沅水、资水和澧水。

二是名山众多，海拔较高。湖北境内的荆山，早在先秦时期就是一座名山，《禹贡》荆州就是因荆山而得名的。荆山的主峰叫望佛山，海拔 1946 米；湖北境内的武当山也是一座名山，它的主峰叫天柱峰，海拔 1612 米。凡是喜欢看武侠小说、武侠电影的人，没有不知道武当山的。传统武术中有一个非常有名的门派就叫武当派。在湖北的西部，也就是大巴山的中段，有一座非常有名的山峰，叫神农架，相传有野人出没，海拔 3053 米，被称为“华中第一高峰”。在湖南境内，最有名的山是衡山，也就是五岳之一的南岳，它的主峰叫祝融峰，海拔 1290 米。湖北、湖南境内不仅名山多，而且千姿百态，例如在湖南的武陵源风景区，也就是在张家界、索溪峪和天子山，就有奇峰 3000 多座，座座形态各异，被称为地球上的一座奇峰博物馆。

三是雨水较多，气候湿润。中国的降水量是由东南到西北逐渐减少，荆州虽在中部，但是靠近东南，因此降水量较多。例如湖北的年降水量在 800 毫米—1500 毫米以上，湖南的年降水量在 1200 毫米—1700 毫米以上。由于河湖众多，降水量又比较大，气候就比较湿润。《尚书 · 禹贡》讲到荆州的土壤类型时，有这样一句话：

> 厥土惟涂泥。

“涂泥”是一种什么类型的土呢？用今天的术语来讲，就是湿土、水稻土。扬州的土壤也是这种类型。因此扬州和荆州，都是我国重要的鱼米之乡。中唐以后流行这样一句话：“苏湖熟，天下足。”“苏湖”，就是苏州和湖州，在《禹贡》九州中都属于扬州。明清以后又流行这样一句话：“湖广熟，天下足。”“湖广”，就是明代的湖广省，包括今天的湖北、湖南两省。湖北、湖南在《禹贡》九州中都属于荆州。直到今天，湖北、湖南两省仍然是我国主要的水稻生产区。

荆州在地理上的这三个特征，给荆州人带来什么样的影响呢？为了说明这个问题，我们不妨把它和扬州作一比较。

荆州山水和扬州山水不一样，扬州的山不太高，水的落差也不大，多数比较平缓，总体来讲，给人的印象是“山温水软”；荆州的山则比较高，水的落差也比较大，多数比较险峻，总体来讲，给人的印象是“山高林密，水深浪阔”。

“山温水软”的地理环境给扬州人的影响是“秀而好文”，是“东南妩媚，雌了男儿”（陈人杰《沁园春序》）。所谓“秀”，所谓“雌”，就是秀丽、柔美。

荆州人也“好文”，但不是“秀而好文”，不是秀丽、柔美，而是带有某些坚贞品质、理想色彩和浪漫情怀。

屈原投江

屈原（前 353—前 283），名平，战国时期楚国的大诗人。楚国的国君姓芈，第 10 代国君叫芈熊通，也就是楚武王，他有一个儿子封在屈这个地方，叫屈瑕，屈原就是屈瑕的后代。

楚国最初定都丹阳（今湖北省宜昌市秭归县），至第 11 代国君楚文王时迁都郢都（今湖北省荆州市江陵县）。在秭归县境内，有一个村庄叫乐平里，这里就是屈原的故乡。郦道元《水经注》说：

> （江水）又东过秭归县之南……县北一百六十里有屈原故宅，累石为室基，名其地曰乐平里。

◎屈原故里（湖北秭归）

屈原在故乡秭归乐平里长大，成年之后去郢都做官。楚怀王十年（前 319）任左徒之职。左徒是个什么官呢？据北京大学教授游国恩先生考证，是仅次于楚国最高行政长官令尹的一个官。司马迁《史记·屈原贾生列传》说：

（屈原）入则与王图议国事，以出号令；出则接遇宾客，应对诸侯。

屈原既有才干，又有理想。他的理想是什么呢？简而言之，就是《离骚》中的这两句诗：

举贤而授能兮，循绳墨而不颇。

所谓“举贤授能”，就是不分贵贱，把真正有才能的人选拔上来治理国家。所谓“循绳墨而不颇”，就是修明法度，不偏不颇，依法治国。

这个理想，在今天看来都是具有重要意义的，但是屈原的才干遭到上官大夫靳尚的嫉妒，他在楚怀王面前诋毁屈原。加上屈原在外交上主张“联齐抗秦”，又受到秦国张仪等人的离间，于是楚怀王就疏远了屈原。怀王十六年（前 313），屈原被免除左徒，做了三闾大夫，这是一个教育王族子弟的职务，也就是当了一名老师。等到楚怀王受了张仪的欺骗，又被秦国在丹阳、蓝田打得大败，这才有所醒悟，于是在怀王十八年（前 311），又派屈原出使齐国，恢复齐楚邦交。怀王二十四年（前 305），秦楚又和好了，亲秦贵族又占了上风，屈原被怀王流放于汉北。他的代表作《离骚》就是在汉北写成的。

怀王二十八年（前 301），秦、齐、韩、魏四国联合攻打楚国，楚国大败，屈原被从汉北召回。但是第二年，怀王被秦国扣留，顷襄王即位，由于亲秦贵族的谗毁，屈原又被顷襄王流放于江南之野，漂泊于沅水、湘水和洞庭湖一带。顷襄王十六年（前 283），顷襄王与秦昭王会

◎屈子祠（湖南汨罗）

于楚国故都，楚国灭亡之势已定，而朝政却更加腐败。屈原在流放之中看不到任何希望，就怀抱石头，投汨罗江而死。

汨罗江是湘水的支流，在湖南省汨罗市境内。

相传屈原投江的时间是五月初五，也就是端午节这一天。《荆梦岁时记》一书记载：

> 五月五日竞渡，俗为屈原投汨罗日，伤其死所，故并命舟楫以拯之。

吴均的《续齐谐记》也记载：

> 屈原五月五日投汨罗而死，楚人哀之，每至此日，以竹筒贮米投水祭之。

当然，关于端午节的来历，学术界有多种说法，有人说是为了纪念屈原，有人说是为了纪念伍子胥，有人说是为了纪念曹娥，还有人说是为了祭奠龙王。但是在湖南、湖北这一带，也就是《禹贡》荆州所在地，人们都是把它当作祭奠屈原的节日来过的。全国多数地方也是如此。

有人讲，战国时期是一个人才流动自由而频繁的时期，屈原既然在楚国受排斥，为什么不去别的诸侯国呢？以他的人品、学识和才华，哪个诸侯国不欢迎他？为什么要选择自杀呢？我认为，屈原之所以选择自杀，不仅仅是由于他个人在政治上受排斥，还有三个重要原因：

其一，是以令尹子兰、上官大夫靳尚为代表的楚国上层的腐败，以及楚怀王、楚顷襄王的不明是非，导致楚国在政治上、军事上日渐衰落，屈原的理想根本无法实现。《离骚》的最后两句写道：

> 既莫足与为美政兮，
> 吾将从彭咸之所居。

“彭咸”是商朝的贤大夫，由于谏其君而不听，投水而死。“美政”，就是“举贤而授能，循绳墨而不颇”的清明政治。既然不能实现自己的理想，那就以死明志。

其二，是他对楚文化怀有一种深沉的爱。楚文化既有中原文化的底蕴，又富有本土文

◎屈原像（湖北秭归）

化的创新精神，可以说是融合了中国南北文化之长的一种先进文化。楚国最后在军事上败给秦国，原因并不在楚文化出了问题。事实上，秦朝二世而亡，汉朝建立之后，一直到汉武帝“罢黜百家，独尊儒术”之前，所奉行的文化仍然是楚文化。屈原没有理由说服自己离开文化先进而发达的楚国。

其三，屈原的人格是纯洁的，也是坚贞的，他绝对不是苏秦、张仪那样的朝秦暮楚之人。他的《橘颂》写道：

> 后皇嘉树，橘徕服兮。受命不迁，生南国兮。深固难徙，更壹志兮。

橘受天命，生于江南，不可迁徙。屈原在这里就是以橘明志，用橘的不可迁徙来比喻自己的不改初心。屈原的初心，就是建立一个有美政的国家，他既不能接受楚国上层的腐败，也不能接受秦国的暴政。既不满于现实，又不想违背初心，因此才选择自杀。所谓“路漫漫其修远兮，吾将上下而求索”，屈原是为美政理想而死的，他是一个真正的理想主义者。

荆州奇丽的山水和灿烂的文化，孕育了中国古代的第一才子和第一佳人。第一才子就是大诗人屈原，第一佳人就是王昭君。

我说王昭君是中国古代第一佳人，依据是什么呢？

我们知道，中国古代有四大美女之说，按照时代来讲，第一个是春秋时的西施，第二个是西汉的王昭君，第三个是东汉的貂蝉，第四个是唐代的杨贵妃。这四大美女享有“沉鱼落雁之容，闭月羞花之貌”。沉鱼、落雁、闭月、羞花这四个词，既是对她们的赞美，又包含了四个历史故事，“沉鱼”讲的是西施浣纱的故事，“落雁”讲的是昭君出塞的故事，“闭月”讲的是貂蝉拜月的故事，“羞花”讲的是杨贵妃醉酒观花的故事。

通常认为，四大美女各有其美，难分高下。但是，如果我们考察一下她们的历史，就会发现，西施、貂蝉、杨贵妃这三个人，都有一些负面影响。西施和貂蝉都是美人计的女主角，西施是越王派去迷惑吴王的，貂蝉是王允派去迷惑董卓和吕布的，都是行美人计的间谍。行美人计，不管你的动机如何，目的如何，效果如何，本质上都是利用美色去诱惑有权势的男性，都是搞阴谋诡计，并非光明正大。杨贵妃在唐代就备受争议。唐人认为，“安史之乱”的爆发，唐玄宗固然不能辞其咎，但是杨贵妃也脱不了干系，不然也不会发生“马嵬之变”。只有王昭君是没有负面影响的。她是光明正大地嫁给单于的。她嫁给单于，使得汉匈边境平静了 60 余年。她为民族和睦，为国家安宁，作出了重要贡献。她的深明大义，赢得了汉人和匈奴人的普遍尊重。直到今天，她仍然得到中国各族人民的热爱和敬重。如果发起一场“感动中国——古代美女评选”活动，我想得票第一的美女，应该就是王昭君。

令人惊诧的是，王昭君和屈原竟然来自同一个故乡，都是秭归县人。屈原是秭归县乐平里人，王昭君是秭归县宝坪村人。据《兴山县志》记载：

> 三国吴景帝永安三年（260），分秭归县之北界立兴山。

兴山县建立之后，宝坪村就归入了兴山县，后来又改名为昭君村。

王昭君，名嫱，昭君是汉朝赐给她的封号。西晋时，为了避司马昭

◎昭君村（湖北兴山）

◎王昭君像（湖北兴山）

之讳，称昭君为明妃。

如果说，屈原是一个既有理想色彩又有坚贞品质的人，王昭君也是。她是以良家子的身份被选入汉元帝后宫的。晋人葛洪的《西京杂记》一书记载：

> 元帝后宫既多，不得常见，乃使画工图形，案图召幸之。诸宫人皆赂画工，多者十万，少者亦不减五万，独王嫱不肯，遂不得见。

所有的宫女都贿赂画工，独昭君不肯。宁可见不着皇帝，也不向画工低头。由此即可见她的纯洁与坚贞。

竟宁元年（前33）春正月，南匈奴呼韩邪单于（国君）来朝，愿意替汉朝守护北部边境，元帝大喜，赐给他五个宫女。王昭君请求掖庭令，让她随行。呼韩邪单于离开长安之前，元帝让那五个宫女出来相见，《后汉书 · 南匈奴列传》写道：

> 昭君丰容靓饰，光明汉宫，顾景裴回，竦动左右。帝见大惊，意欲留之，而难于失信，遂与匈奴。

元帝非常后悔，非常不舍，但是又不敢失信于匈奴人，于是就把气都撒在画工头上。据《西京杂记》记载，等昭君一走，元帝就彻查画工受贿一事，把毛延寿等一批画工在同一天处死。

昭君到匈奴之后，被呼韩邪单于封为宁胡阏氏（也就是妻子之一，不是皇后），给他生了两个儿子。

汉成帝建始二年（前 31），呼韩邪单于死，前阏氏的儿子继位，按照匈奴风俗，“父死，妻其后母”。他想娶昭君为阏氏，昭君就给汉成帝写信，要求回到汉朝。成帝给她回信，叫她遵从胡人的风俗。于是她又做了新一代单于的阏氏，又生了两个女儿。

王昭君远嫁匈奴，一路经历风霜雨雪，漫漫胡沙，在苦寒之地一直生活到去世，这就是具有理想色彩和坚贞品质的一个证明。

王昭君的遭遇被古人视为一种不幸。在古代，以王昭君为题材的文学作品非常多，仅诗歌就有 700 多首，戏曲、小说近 40 种，作者达 500 多人。综观这些作品，有三个方面的主题，一是悲悯她的远嫁，二是痛恨毛延寿索贿，三是责备元帝昏庸。

在我的印象中，只有北宋著名改革家和文学家王安石的《明妃曲二首》写得最好。例如第一首：

> ……
>
> 归来却怪丹青手，入眼平生未曾有。
>
> 意态由来画不成，当时枉杀毛延寿。
>
> ……

家人万里传消息，好在毡城莫相忆。

君不见咫尺长门闭阿娇，人生失意无南北。

再看第二首：

……

汉恩自浅胡恩深，人生乐在相知心。

可怜青冢已芜没，尚有哀弦留至今。

金句很多，而且颇具现代意识。需要说明的是，青冢并没有“芜没”，它高高耸立在内蒙古呼和浩特市南郊的大黑河南岸，是一个永不褪色的文学景观。而且青冢还不止一座，在山西朔州、河南许昌，还各有一座，都保护得很好。

◎青冢（内蒙古呼和浩特）

帝子投江

在荆州，一直流传着许多浪漫的故事，“帝子投江”就是其中最有名的一个。

帝子，是指传说中尧帝的两个女儿，也就是舜帝的两个妃子。《史记 · 五帝本纪》记载：

> 于是尧乃以二女妻舜，以观其内……尧二女不敢以贵娇事舜亲戚，甚有妇道。

《史记 · 五帝本纪》又记载：

> （舜）践帝位三十九年，南巡狩，崩于苍梧之野，葬于江南九疑，是为零陵。

这个苍梧，就是苍梧山，也就是九嶷山，舜帝驾崩之地与长眠之地，都在这里。舜帝的陵墓叫零陵，零陵在今湖南省宁远县南部。宁远这个地方在《禹贡》荆州的南部，在汉代属于荆州零陵郡。

南朝任昉的《述异记》讲，舜帝南巡，久而不返，也无消息，他的两个妃子，一个叫娥皇，一个叫女英，就结伴南行，寻找舜帝，走到九嶷山，得知舜帝已死，就痛哭流泪。泪水洒在竹子上，留下斑痕，就成了斑竹。

相传这两个妃子痛哭一场之后，就双双投湘水而死，死后成了湘水之神。屈原《九歌》中有两首歌，一首名《湘君》，一首名《湘夫人》。湘君就是舜帝，湘夫人就是他的两个妃子。

◎湘妃祠（湖南君山）

湘水北流至洞庭湖，洞庭湖中有一座美丽的岛屿，叫君山岛；岛上有一座祠，叫湘妃祠，祠里供奉着两位湘水女神。她们相向站立，一袭红裙，身姿曼妙，就像“〇〇后”的美女。湖南人按照现代美女的模样来塑造湘水女神，体现了他们的浪漫情怀。

柳毅传书

同样在洞庭湖的君山岛上，在离湘妃祠不远的地方，有一口很有名的水井，叫柳毅井。这个柳毅井的得名，源于唐代作家李朝威的神话小说《柳毅传》。

柳毅是在湘江边上长大的一个书生，他去长安参加科举考试，回来的路上遇到一个美丽的牧羊女，很悲伤的样子。柳毅就问她有什么不开心的事。牧羊女告诉柳毅，她是洞庭龙君的小女儿，名叫小龙女，嫁给泾河龙君的二儿子之后，丈夫对她不忠，公婆对她也不怜惜，还把她贬去放羊。柳毅很同情小龙女的遭遇，就替她传书到洞庭龙宫，帮助解救了小龙女。小龙女和她的全家都非常感激柳毅，小龙女的叔叔钱塘君甚至提出要把小龙女嫁给柳毅，小龙女本人也有这个意思，但是柳毅拒绝了。他只是见义勇为，并没有任何私心。

柳毅上岸之后，先后娶了两个女子，也是怪得很，娶一个，死一个，没几天就死了。柳毅很悲伤。后来又有人给他介绍一个女子，结婚之后，柳毅总觉得这个女子有点像小龙女。一问，还真是她。原来小龙女一直都在痴心地等待柳毅，她的父母要把她许配给成都濯锦江龙君的儿子，她坚决不从。她剪掉了头发，闭门不出，以明心志。小龙女对柳毅说：

今日获奉君子，咸善终世，死无恨矣！

说完，泪如雨下。可见小龙女也是一个多情而坚贞的女子。

柳毅传书的故事是一个很浪漫的故事，这个故事在洞庭湖一带广为流传，于是就有了这一口柳毅井。

◎柳毅井、传书亭（湖南君山）

豫州

中原父老望旌旗

豫州上

《尚书·禹贡》讲：

荆河惟豫州。

荆是指荆山，河是指黄河，豫州就在荆山与黄河之间。荆山以南是荆州，黄河以北是冀州，豫州正好位于九州之中，因此又称中州、中原、中土。

在中国古代的行政区划中，从汉代到南北朝都有一个豫州，但是隋代以后，豫州这个名称就不再使用了。豫州的豫，后来成了河南省的简称。需要说明的是，无论是《禹贡》九州中的豫州，还是从汉代到南北朝作为一个行政区划的豫州，它的版图都没有后来的河南省那么大，它相当于河南省的大部分，也就是河南省的黄河以南地区。

©黄河落日（河南郑州段）

豫州的“豫”是什么意思呢？它的左边是一个“予”字，右边是一个“象”字，“予”字表音，“象”字表意。《说文解字》解释说，“豫”的本义，就是指“象之大者”；“豫”的引申义，就是大，大则宽裕，宽裕则舒适，则快乐。从字面上讲，“豫州”，就是令人舒适的州，令人快乐的州。

春秋战国时期，豫州的气候条件是很好的。著名气候学家竺可桢先生讲，从春秋开始到西汉末年，是中国近 5000 年来的第二个温暖期，前后长达 700 多年，年平均气温比今天大约高两摄氏度。那个时候的豫州属于亚热带气候，因此才有大象生存繁衍。与大象的生存环境相适应，黄河流域到处都有竹子。例如在《诗经》中，就有七处写到竹子。

那个年代的豫州，土壤也很好，疏松柔和，适宜耕种，人们衣食无忧。如果没有大的自然灾害，没有战争，人们的幸福指数还是比较高的。我们以《诗经》中的有关作品为例。《诗经》中的十五国风，分布在豫州境内的就有四风，即桧风、王风、陈风和郑风，除了桧风是西周时期的作品，王风、郑风和陈风都是春秋时期的作品。王风、郑风和陈风中的许多作品都是很快乐的，尤其是郑风，快乐得连孔夫子都有些不满了，说“郑声淫”。所谓“淫”，不是淫荡，而是过头，说郑国人快乐得过头了。

郑国在哪里？就在今河南省新郑市这一带。有这样一首郑风，题目叫《出其东门》，我们看看它的第一段：

> 出其东门，有女如云。虽则如云，匪我思存。缟衣綦巾，聊乐我员。

把它翻译成白话诗，就是这样的：

◎郑韩故城遗址（河南新郑）

出东门啊出东门，东门外的美女多得像天上的云。虽然多得像天上的云，但都不是我思念的人。只有那白衣绿裙的姑娘，才是我思之所存。

这个东门，就是郑国的城门。先秦时期的城市多坐西朝东，东门就是正门。东门外的美女像天上的云一样多，美女多才可以选择，美女少就没有选择的余地。常识告诉我们，一个地方只有经济繁荣，生活富裕，美女才会多。美女多，多得可以选择，说明幸福指数高。

郑风中有两首写东门的，陈风中则有三首写东门的。陈国在哪里？就在今河南省周口市淮阳区这一带。我们看看《东门之枌》这首诗的第一、二段：

东门之枌，宛丘之栩。子仲之子，婆娑其下。

穀旦于差，南方之原。不绩其麻，市也婆娑。

“枌”，就是榆树；“栩”，就是栎树；“宛丘”，就是高于地面的台地；“穀旦”，就是晴好的早晨；“市”，就是集市。我们也把它翻译成白话诗：

> 东门有白榆，宛丘有栎树。子仲家的姑娘，在树下婆娑起舞。
>
> 她在一个晴好的早晨，来到东门南边的台地上。麻也不用绩了，在街市上尽兴地舞一场。

这首诗里的女子是一位农家女，她的工作是纺织麻布，但是她一点也不着急，她看到那天早上的天气很好，就约了男友，去东门外的宛丘上跳舞，然后又结伴从宛丘走到集市，在集市上又跳了起来。她的舞姿是那样美妙，一点生活压力都没有，快乐得很。

那个时候的豫州人，过的是一种“岁月静好”的生活。现在大家都喜欢讲“岁月静好”这句话，可是“静好”这个词的源头在哪里呢？就在《诗经》的郑风里边。郑风里有一首诗，名叫《女曰鸡鸣》，写的是一对夫妻在床上的对话：女的说：“鸡叫了，天要亮了。”男的说：“天才亮一半呢。”女的说：“你下床去看看嘛，启明星亮闪闪的，天很快就亮了。”男的说：“好吧，我起床，我去射野鸭，射大雁。”女的说：“你射到野鸭和大雁，我给你准备美酒佳肴。”后边有这样几句，我们一起来欣赏一下：

> 宜言饮酒，与子偕老。琴瑟在御，莫不静好。

“琴瑟在御”，就是琴瑟在侧。一边饮酒，一边弹琴。白头到老，岁月静好。

岁月静好，按照朱熹的解释，就是“岁月安静而和好”。没有战争，没有大的自然灾害，衣食无忧，家人团聚，平静的生活不被打扰。这正是春秋时期豫州人日常生活的一个侧面。

逢着王人诉不堪

遗憾的是，春秋之后，豫州人的这种岁月静好的生活就经常遭到严重破坏，这种破坏主要来自两个方面：一是黄河水患，一是战争。

据统计，从公元前 602 年到公元 1938 年这 2540 年间，黄河发生过 1593 次决口。著名历史学家钱穆先生讲，黄河的河道在历史上有过六次大的变迁，第一次是在公元前 602 年，也就是周定王五年，这已经是春秋（前 770—前 481）中期了。不过这一次河道变迁对中下游流域的生态影响还不很大，当地人民还可以安居乐业。第二次是在王莽时期（9—23），第三次是在宋仁宗庆历年间（1041—1048），第四次是在金章宗明昌年间（1190—1196），第五次是在元世祖至元年间（1264—1294），第六次是在清文宗咸丰年间（1851—1861）。这几次对中下游流域造成的破坏是灾难性的。

美国著名华裔地理学家段义孚在《神州》一书中写道：

> 河道改变之后，黄河变得无拘无束，甚至在水位不高时也会发生危险的洪泛。在 1887 年到 1889 年之间，虽然水位并不太高，黄河在河南省冲毁南边的堤坝。200 多万人因水淹或是饥饿而亡。黄河以南几乎整个河南省一片汪洋。

这一段话讲的就是豫州故地的黄患。需要

补充的是，那些侥幸活下来的豫州人民，因家园被毁，庄稼被淹，衣食无着，往往四处逃荒要饭，饱受地域歧视，真是“说出来都是泪”。

除了黄患，还有战乱。中国历史上的战争是很多的。据统计，从春秋战国至辛亥革命，共发生过 3756 次战争，平均每年发生 0.7 次，也就是说，每三年就有两次战争。（中国军事史编写组《中国历代战争年表》）就地区来讲，则以豫州的战乱为最多，因为豫州在中原。有一个成语，叫“逐鹿中原”。鹿，在这里比喻帝位和政权。《史记·淮阴侯列传》：“秦失其鹿，天下共逐之，于是高材疾足者先得焉。”所谓“高材疾足者”，实际上就是指各路豪强和野心家，他们为了得到帝位和政权，在中原地区打了无数的仗，可谓尸横遍野，血流成河。

豫州境内的古都是很多的，有洛阳、郑州、开封、商丘、许昌和南阳等六个古都。古都多，意味着历史悠久，文化底蕴深厚。但是古都多，也意味着战争多。以洛阳为例，著名词人李清照的父亲李格非在《书〈洛阳名园记〉后》中说：

> 洛阳处天下之中，……盖四方必争之地也。天下当无事则已，有事则洛阳必先受兵。故予尝曰：洛阳之盛衰，天下治乱之候也。

中国历史上的建都和迁都，往往是和改朝换代联系在一起的，是和刀光剑影、血雨腥风的战争联系在一起的。中国历史上数十次的建都、迁都和改朝换代，给老百姓带来的是什么？是岁月静好吗？非也。

我们以南、北宋之际的建都、迁都为例。宋钦宗靖康元年（1126）冬天，金人南下攻破东京（今河南开封），俘虏徽宗、钦宗两代皇帝及后妃、宗室等 3000 多人，于第二年四月北上。临行前，更把东京城里的公私财物洗劫一空。这就是宋人视为奇耻大辱的“靖康之变”。

需要指出的是，“靖康之变”虽然发生了，但是中原当时并没有沦陷，因为金人大肆掳掠一番之后就撤退了。如果朝廷采纳李纲和种师道等抗战派人士的建议，严兵拒守以待各地勤王之师，金人就不敢再次孤军深入，中原就不会沦陷。遗憾的是，由投降派主导的朝廷并没有采纳李纲和种师道等人的建议。宋高宗在南京（应天府）即位，任命宗泽为东京留守。宗泽 20 多次上奏朝廷，请求高宗巡幸东京，鼓舞士气，可是高宗被汪伯彦、黄潜善等投降派所左右，不来东京，反倒巡幸扬州。随着抗战派领袖李纲被撤职，名将种师道、宗泽先后去世，金人第二次南下，中原才全面沦陷。宋高宗迁都临安（杭州）。

还需要指出的是，即便迁都临安，即便中原全面沦陷了，也不是不可以收复。高宗绍兴十年（1140），岳飞率师北伐，连克数州，已经打到朱仙镇了，离东京只有 45 里，眼看就要收复中原（至少是收复豫州故地）了，可是高宗居然在一天之内连下 12 道金牌，命令岳飞班师回朝。史书记载：

> 飞班师，民遮马恸哭。诉曰："……相公去，我辈无噍类矣！"飞亦悲泣，取诏示之，曰："吾不得擅留。"哭声震野。
>
> ——陈邦瞻《宋史纪事本末 · 岳飞规复中原》

岳飞班师回朝之后，即以"莫须有"的罪名被害。岳飞为何被害？许多人都把罪名归到秦桧头上。这样看问题未免简单化。秦桧固然是臭名昭著的投降派，可是这个投降派是谁重用的？不就是宋高宗吗？宋高宗才是投降派的头子。宋高宗为什么要投降呢？原因在于：他既怕打不赢金人，又怕打赢金人。如果打不赢金人，他就会像他的父兄一样，被金人掳去。如果打赢金人，他就得把皇位还给钦宗。因此他执意要岳飞班师回朝，执意要把国都迁到临安，执意要与金人讲和，与金人划淮而治，淮河成了宋金的边界。

中原人民再次陷入苦难的深渊。可悲的是，他们在侵略者的蹂躏之下，仍然眼巴巴地盼着王师归来。元代著名画家赵孟頫在《岳鄂王墓》

◎朱仙镇岳飞庙（河南开封）

一诗里写道：

南渡君臣轻社稷，中原父老望旌旗。

“中原父老”这四个字，在宋元诗词中经常出现，俨然成了一个文学地理意象。

又如南宋著名诗人杨万里的《初入淮河四绝句》（之四）：

中原父老莫空谈，逢着王人诉不堪。
却是归鸿不能语，一年一度到江南。

“中原父老”这个文学地理意象，意味着凄风苦雨中无望的等待，也意味着南迁士人无尽的牵挂。

墨子非攻

正是因为中原的战争太多，对经济、社会和文化的破坏太大，对人民造成的苦难太深重，所以春秋末战国初，在中原出现了著名的反战思想家墨子（约前 468—前 376）。我们且看《墨子·非攻》中的这一段话：

> 杀一人，谓之不义，必有一死罪矣。若以此说往，杀十人，十重不义，必有十死罪矣；杀百人，百重不义，必有百死罪矣。当此天下之君子，皆知而非之，谓之不义。今至大为不义，攻国，则弗知非，从而誉之，谓之义。……此可谓知义与不义之辩乎？是以知天下之君子也，辩义与不义之乱也。

墨子反对战争，主张“非攻”，是旗帜鲜明的，也是身体力行的，并非只是在理论上讲一讲而已。《墨子·公输》这一篇就生动地记

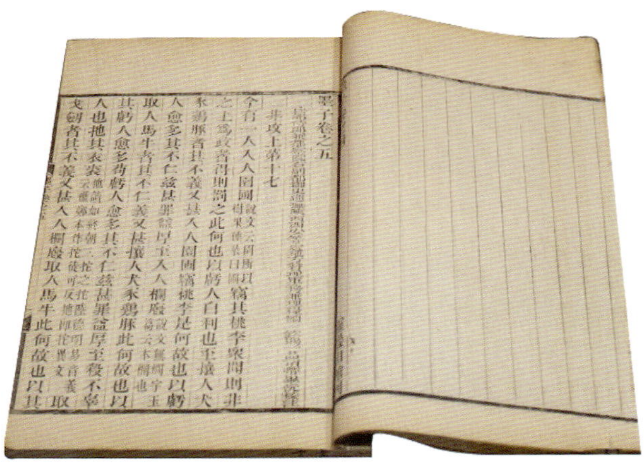

◎《墨子》书影

载了一个墨子止楚攻宋的故事。

这个故事讲，鲁国有一位能工巧匠，叫公输盘，也就是著名的鲁班。他受楚惠王之托，为楚国制造了一种攻城的器械，名叫“云梯”，用来攻打宋国，也就是墨子的祖国。墨子听说这事后，走了十天十夜，赶到楚国的国都郢都，见公输盘。公输盘问他：“你这么大老远地赶来，有何见教？”墨子说：“北方有人欺负我，希望你帮我杀了他。”公输盘听了不高兴。墨子说：“我送你千金，干不干？”公输盘说：“我是一个有正义感的人，岂能随便杀人？”墨子质问他：“你还有正义感？你专门为楚国制造云梯，用来攻打宋国，请问宋国何罪之有？楚国土地有余而人口不足，居然还要发动战争，还要用不足的人口去争夺多余的土地，这难道是智者所为吗？宋国无罪，楚国却要打它，这难道是仁者所为吗？对于这种不智不仁之事，你明明知道，但是你不去阻止，这难道是对楚王尽忠者所为吗？我叫你去杀一个人，你说你不做不义之事，但是现在你却帮助楚国去杀成千上万的人，这难道是义者所为吗？你之所为，实乃不智、不仁、不忠、不义也！”

公输盘知道自己理亏，一时竟无言以对。过了一会儿，他对墨子说：“你来晚了，楚王的决心已下。”于是墨子就要求公输盘带他去见楚惠王。

墨子对楚惠王说：“有这么一个人，放着自己的豪车不坐，却要去偷邻居的破车；放着自己的锦衣不穿，却要去偷邻居的粗布烂衫；放着自己精美的粮食和猪肉不吃，却要去偷邻居的糟糠。请问这是一个什么样的人？”楚王说：“这是一个患了偷窃病的人。”墨子说：“您说得对。如今楚国地方千里，而宋国不过五百里；楚国有云梦泽，有江汉，犀牛麋鹿满地走，大鱼大鳖多的是，而宋国连小兔小鱼都没有；楚国有高大的松树、梓树和樟树，而宋国只有矮小的灌木，可是您却要去攻打它，占领它，这和那个患了偷窃病的人有什么两样呢？您打宋国，既不义，也没有收获。”楚王说：“你讲得好。但是公输盘已经为我造好了云梯，我不得不打了。”

公输盘不想放弃攻宋的计划，楚惠王也不想放弃这一计划，怎么办呢？文章写道：

> 于是见公输盘。子墨子解带为城，以牒为械，公输盘九设攻城之机变，子墨子九拒之；公输盘之攻械尽，子墨子之守圉有余。

楚惠王目睹了这精彩的一幕，他向墨子询问其中的缘由，墨子说：“公输盘的目的，不过是要杀我。他以为杀了我，宋国就守不住了。但是他不知道，我的弟子禽滑釐等 300 多人，早已拿着我的守御之器，守卫在宋城之上，等待楚军的侵犯。公输盘即使杀了我，也不可能灭宋国。”楚惠王得知这一情况，只好放弃攻打宋国的计划。

墨子是宋国人，由于后来长期住在鲁国，被人称作鲁国人。其实他原是宋国的大夫，出生地在宋国的都城（今河南商丘），晚年则寓居鲁阳（今河南鲁山）。商丘和鲁山，均属于《禹贡》豫州的地域范围。

墨子是墨家学派的创始人，也是一位非常著名的反战思想家，他不但在理论上主张“非攻”，还精于机械制造，尤其擅长守御之道。就思想来讲，他除了主张“非攻”，还主张“兼爱”，主张“尚贤”“尚同”“非乐”和“节用”，和先秦时期的其他思想家相比，他的思想最具平民性，也最具逻辑性。他是先秦时期少有的集思想家和科学家于一身的人。他在生活上也很简朴，甚至很艰苦，“量腹而食，度身而衣”。有“北方贤圣”之誉。他所创立的墨家学派，在当时与儒家学派并称“显学”，在后来也有很大的影响。

老子无为

事实上，在墨子之前，也就是春秋时期，在豫州境内就出过一位反战思想家，这个人就是著名的老子。《老子·三十一章》里有这样几句话：

> 夫兵者，不祥之器，物或恶之，故有道者不处。……夫乐杀人者，则不可得志于天下矣。

老子姓李，名耳，字聃，楚国苦县厉乡曲仁里人。这个苦县厉乡曲仁里，就是今河南省周口市鹿邑县太清宫镇。据司马迁《史记·老子韩非列传》记载，老子曾经做过周朝的“守藏室之史”，也就是管理国家藏书室的官员。他主张“无为自化，清静自正”。由于在国都住得太久，亲眼目睹了周朝的日渐衰落，于是就退隐。他骑着一条青牛往西行，到了函谷关，被关令尹喜留住了。尹喜崇拜他的学问，请求他著书。几天后，他交给尹喜一篇5000字的著作，这就是流传千古的《道德经》，然后西出函谷关，消失在紫气中。

作为道家学派的创始人，老子的思想集中体现在《道德经》这本书里。《道德经》用“道”来解释宇宙万物，认为“道”是万物之本源，所谓“道生一，一生二，二生三，三生万物”（《道德经·四十二章》）。明确否认了夏商周以来流行的“天”是最高主宰的观点，提出

◎太初圣宫（河南灵宝）

了万物起源的新学说，这在中国哲学史上是具有重要创新意义的。

《道德经》中蕴藏着丰富而深刻的辩证法思想。老子认为，事物都包含着对立的两个方面，它们是可以朝相反的方向转化的，所谓“祸兮，福之所倚；福兮，祸之所伏”（《道德经·五十八章》）；所谓“有无相生，难易相成，长短相形”（《道德经·二章》）。老子指出：

> 天下皆知美之为美，斯恶已。皆知善之为善，斯不善已。……是以圣人处无为之事，行不言之教……功成而弗居。
>
> ——陈鼓应《老子注译及评介》

老子这段话可以称为普遍真理，无论放在哪个时代都是正确的。因此老子主张“无为”。

需要说明的是，老子讲“无为”，不是指无所作为，而是指顺其自然，不妄为。例如战争这个问题，刚才说了，老子是反战的。如果有些问题一定要通过战争来解决，老子又是什么态度呢？他说：

兵者不祥之器，非君子之器，不得已而用之，恬淡为上。胜而不美，而美之者，是乐杀人。

——陈鼓应《老子注译及评介》

不得已才用战争去解决问题。战争打胜了，也不要去赞美它。如果赞美战争，就是赞美杀人。这些观点在今天看来，仍然是有重要意义的。

老子的“无为”思想对后世的影响很大。首先是影响了两个著名的豫州人，一个是庄子，一个是韩非。庄子从哲学和美学的角度发展了老子的“无为”思想，韩非则从帝王之学的角度发展了老子的“无为”思想。庄子是宋国蒙县人，也就是今河南省商丘市民权县人。韩非是韩国的贵族，今河南省新郑市人。庄子、韩非之外，老子的思想对后来的黄老之学、魏晋玄学、宋明理学、道教、佛教的禅宗等等，都有深远的影响。

豫州居九州之中，古都多，战争也多，苦难也多。为了应对战争和苦难，寻找到各自所认为的理想的社会和人生，人们进行了多方面的探索和思考，因此这里的思想家也多，除了道家的老子、庄子，墨家的墨子，还有法家的商鞅、申不害和韩非，兵家的吴起和尉缭，名家的邓析和施惠，以及作为杂家的吕不韦。这些人都是先秦时期的思想家，他们的思想是丰富而复杂的，对后世的影响也是多方面的。

◎老子像（河南灵宝）

策马行行到豫州

豫州下

唐代诗人胡曾有一首写豫州的咏史诗，第一句就是：“策马行行到豫州”，写他在豫州的所见所感。豫州的文化底蕴是非常深厚的，文化遗产的存量也很大，这里也讲不了太多，只能讲四种最有代表性的文化遗产，即洛阳意象、汴京元素、龙门石窟和杜甫诗歌。

©龙门石窟（河南洛阳）

洛阳意象

如上所述，豫州境内的古都是很多的，有洛阳、郑州、开封、商丘、许昌和南阳六个古都。这六个古都中，哪一个的影响最大呢？无疑是洛阳。

洛阳作为九朝（东周、东汉、曹魏、西晋、北魏、隋、唐、五代后梁及后唐）古都，它的历史是非常悠久的。但是它的影响之所以最大，主要还不在于历史之悠久，而在于它作为一个地理意象，经常被文学作品所书写。古往今来写洛阳的文学作品是很多的，据北京联合大学的吴蔚教授统计，仅仅是“以洛阳意象为主要表现对象，以洛阳的自然或人文景观为背景创作”的唐诗，就有 400 多首（吴蔚《唐代诗歌

与东都洛阳》)。由于这些书写洛阳的文学作品有许多都成了经典，因此洛阳就成了一个经典的文学地理意象。

洛阳这个经典的文学地理意象，不仅是一个独立的意象，它还与别的意象组合，成为许多复合型的意象，例如洛阳名园、洛阳牡丹、洛阳才子、洛阳女儿、洛阳城、洛阳亲友等，都属于经典的文学地理意象。

1. 洛阳名园

洛阳的园林既多且美。北宋著名古文家苏辙指出：洛阳“园囿亭观之盛，实甲天下”(苏辙《洛阳李氏园池诗记》)。北宋著名诗人邵雍也写道：“人间佳节惟寒食，天下名园重洛阳。”(邵雍《春游》)洛阳的西园、金谷园等，都是天下闻名的。宋代著名女词人李清照的父亲、古文家李格非写过一篇《洛阳名园记》，一共写了19处名园。在这篇记中，他发了一通议论，非常精辟：

◎隋唐洛阳城国家遗址公园(河南洛阳)

天下之治乱，候于洛阳之盛衰而知；洛阳之盛衰，候于园圃之废兴而得。

文章以小见大，感慨良多，文辞也很精练，尤为后人所推崇，因此成为名篇。历史上的“洛阳名园”虽早已荡然无存，但“洛阳名园”这个文学地理意象，却因李格非这篇作品而名传不朽。

2. 洛阳牡丹

“洛阳牡丹”为天下名花之一，素有“洛阳牡丹甲天下”之誉。洛阳牡丹之所以有如此高的地位，如此大的影响，固然与它的花朵硕大、花容端丽、雍容华贵、超逸群芳有关，也与唐宋著名诗人对它的热情赞美分不开。例如刘禹锡《赏牡丹》：

唯有牡丹真国色，花开时节动京城。

徐凝《牡丹》：

何人不爱牡丹花，占断城中好物华。

欧阳修《洛阳牡丹图》：

洛阳地脉花最宜，牡丹尤为天下奇。

正是由于这些文学名作的描写和赞美，使得洛阳牡丹不仅成了天下名花，也成了一个经典的文学地理意象。

◎牡丹

3. 洛阳才子

“洛阳才子”作为一个文学地理意象，最早出现在唐末五代著名词人韦庄的《菩萨蛮》一词里：

> 洛阳城里春光好，洛阳才子他乡老。柳暗魏王堤，此时心转迷。

韦庄这首《菩萨蛮》影响很大，是唐宋词中的名篇，因此“洛阳才子”这个意象就传开了，连《声律启蒙》这样的蒙学读物都用这个意象，这个影响就大了，例如：

> 楚国大夫沉汨水，洛阳才子谪长沙。

韦庄词里的“洛阳才子”是指词人自己，《声律启蒙》中的“洛阳才子”是指汉代的贾谊，他是经典作品《过秦论》的作者。由于“洛阳才子”这个意象经常在文学作品中出现，因此就成了一个经典的文学地理意象。

4. 洛阳女儿

“洛阳女儿”这个意象最早出现在初唐诗人刘希夷的《代悲白头翁》一诗中：

> 洛阳城东桃李花，飞来飞去落谁家？
> 洛阳女儿惜颜色，坐见落花长叹息。
> 今年花落颜色改，明年花开复谁在？

后来又出现在盛唐著名诗人王维的《洛阳女儿行》一诗中：

洛阳女儿对门居，才可颜容十五余。

再后来，在白居易的《劝我酒》中也有出现：

洛阳女儿面似花，河南大尹头如雪。

女儿到处都有，但是作为一个文学地理意象，我们似乎只见过“洛阳女儿”，没有见过以别的古都命名的女儿，只有曹雪芹小说《红楼梦》中的“金陵十二钗”，可与“洛阳女儿”这个文学地理意象媲美。

5. 洛阳城

李白《扶风豪士歌》：

洛阳三月飞胡沙，洛阳城中人怨嗟。

张籍《秋思》：

洛阳城里见秋风，欲作家书意万重。复恐匆匆说不尽，行人临发又开封。

刘禹锡《吟乐天自问怆然有作》：

洛阳城里多池馆，几处花开有主人。

6. 洛阳亲友

王昌龄《芙蓉楼送辛渐》：

寒雨连江夜入吴，平明送客楚山孤。洛阳亲友如相问，一片冰心在玉壶。

“洛阳亲友”这个意象似乎只在王昌龄的诗里出现过一次，但是由于王昌龄的这首诗太有名了，因此“洛阳亲友”也成了一个经典的文学地理意象。

正是由于“洛阳名园”“洛阳牡丹”“洛阳才子”“洛阳女儿”“洛阳城”“洛阳亲友”等作为经典的文学地理意象，历来脍炙人口，因此洛阳这座古都也就随之名满天下，享誉古今。

试问中国境内别的古都，有这么多美丽的以古都命名的文学地理意象吗？不能说完全没有，例如杭州西湖、金陵十二钗等，但是加起来也没有洛阳多。

◎天堂（河南洛阳）

汴京元素

豫州境内的第二大古都是开封。开封在古代又称汴州、汴梁、汴京，曾是夏朝，战国时的魏国，五代时的后梁、后晋、后汉、后周和北宋、金朝的首都，号称“八朝古都”，也是中国五大古都之一（另外四个是西安、洛阳、南京、北京）。

开封作为八朝古都，最辉煌的一段历史是在北宋。北宋时的开封称“汴京”。

和西安、洛阳这两个古都相比，开封的地势是最低的。西安的平均海拔约 1027 米，洛阳的平均海拔约 200 米，而开封的平均海拔只有约 70 米。由于地势低，所以开封城在历史上被洪水淹没过多次。据考证，宋代开封城的地面在八米以下。因此我们到了开封，所能看到

的宋代以前的古迹是不多的，只有禹王台、繁塔、铁塔（祐国寺塔）等少数几个。开封的古迹虽然多数淹没在地下，但是开封对宋代以后的中国历史的影响是深远的，这些影响一直到今天都可以明显地感觉到，有学者称之为“汴京元素”。所谓“汴京元素”，“专指当时汴京独有或最典型的，同时扩展至外地并影响、延续后代的文明元素”（程民生《中华文明中的汴京元素》）。下面讲几个最有影响的。

1. 坊市合一

北宋以前，中国的城市是“坊市分离”的。坊是居住区，市是商贸区，各有围墙。例如唐代的长安，城内有 108 坊，东西两市。就整个城市而言，商贸区是相当狭小的。

北宋汴京的城市格局和唐代的长安、洛阳不一样，已由“坊市分离”变为“坊市合一”。坊墙不复存在，居民可以面街而居，临街设肆。

◎一城宋韵半城水（河南开封）

大街小巷，桥头路口，都成了商品交换的地方，市区扩大到全城（周宝珠《宋代东京研究》）。我们从张择端的名画《清明上河图》中，即可看到东京汴河桥头及两侧，摊贩栉比、商业兴旺的景象。

这种“坊市合一”的城市格局，极大地推动了城市商品经济的发展，使汴京成为当时世界上最大的城市，也是最富裕的城市。这种商业模式不仅影响到全国，而且一直影响到今天。

2. 瓦子勾栏

“瓦子”是汴京城里一种大型的文艺演出场地，又叫“瓦舍”“瓦肆”。“它的内部由不同的专业艺人圈成许多小圈子，这些圈子或用栏杆、或用绳索、或用幕幛，即是勾栏，一个勾栏为一个演出场所”（周宝珠《宋代东京研究》）。

北宋的汴京城里至少有九处瓦子，瓦子中的勾栏数目多少不一。据

◎《清明上河图》（局部）

孟元老的《东京梦华录》一书记载，仅仅是“街南桑家瓦子”和“中瓦”“里瓦”这三个瓦子，就有大小勾栏50余座。勾栏以棚为号，如象棚、莲花棚、夜叉棚等，大的可容数千人。

“瓦子勾栏”里表演的文艺节目非常丰富，计有“新声”“小唱”“嘌唱”“般杂剧”“讲史”“小说”“诸宫调”“说三分”等20多种，汴京人非常喜欢这种文艺，许多人甚至“终日居此，不觉抵暮”（孟元老撰、伊永文笺注《东京梦华录笺注》）。

“瓦子勾栏”文艺作为民间文艺或大众文艺，不仅极大地丰富了汴京市民的文化娱乐生活，也为专业人士的创作和表演提供了营养和借鉴。汴京沦陷之后，这种“瓦子勾栏”文艺便转移到了临安（杭州）。后来全国许多大、中城市都有大型的文艺演出场所，如北京的天桥、上海的大世界、武汉的民众乐园等，其实它们的渊源，都可以追溯到北宋汴京的“瓦子勾栏”。

3. 慢词

上面讲到北宋汴京的“瓦子勾栏”里有一种文艺节目叫“小唱”，“小唱”是什么呢？就是唱慢词。

词有两种样式，一是小令，一是慢词。整个唐五代时期，词以小令为主，慢词总共不过 10 来首，而且多是乐工（音乐人）写的，文人很少去写。清代词学家宋翔凤讲：

> 词自南唐以后，但有小令。其慢词盖起于宋仁宗朝。中原息兵，汴京繁庶，歌台舞席，竞赌新声。耆卿失意无俚，流连坊曲，遂尽收俚俗言语，编入词中，以便伎人传习。一时动听，散布四方。其后东坡、少游、山谷辈相继有作，慢词遂盛。

这段话讲到了慢词兴起的两个时空条件，一是“宋仁宗朝”，一是“汴京”，这是符合历史事实的。慢词的篇幅比小令要长，节奏比小令要舒缓，它的兴起，有赖于“新声”这种市井音乐的流行。而“新声”的流行，则有赖于城市商品经济的繁荣、城市人口的众多与“瓦子勾栏”、歌台舞榭一类文艺场所的发达，当时国内最具备这些条件的城市就是汴京。柳永（字耆卿）是建州崇安（今福建省武夷山市）人，他来汴京参加科举考试，屡试不第，又特别喜爱“新声”，于是就专心于慢词的创作。他是北宋写作慢词最多的词人，其中许多作品都是写汴京生活的。为了适应歌伎的演唱需要，他大量吸收当时的市民口语，同时又借鉴汉魏六朝抒情小赋的铺叙技巧，从而创造了慢词的一系列表现手法，对后来的词人影响很大，因此被称为“慢词鼻祖”。慢词到今天还在全国各地流行，人们讲到慢词，就会讲到柳永。讲到柳永，则不能忽视他在汴京长达 30 多年的生活与创作。

4. 腊八粥

◎腊八粥

腊八粥又名八宝粥，原是腊八节（农历十二月初八）吃的一种食品，就像端午节吃的粽子、中秋节吃的月饼一样。腊八节起源于先秦时期，与汴京无关；腊八粥始于佛家，也与汴京无关。但是把佛家的腊八粥当作一种世俗食品，在腊八节的那一天家家都吃，则始于汴京。孟元老《东京梦华录》记载说：

> 初八日，街巷中，有僧尼三五人作队念佛，以银铜沙罗或好盆器，坐一金铜或木佛像，浸以香水，杨枝洒浴，排门教化。诸大寺作浴佛会，并送七宝五味粥与门徒，谓之“腊八粥”。都人是日各家，亦以果子杂料煮粥而食也。

北宋诗人王洋也有诗云，“腊月八日梁宋俗，家家相传侑僧粥”。“梁宋”即汴京、应天府一带，“侑僧粥”即腊八粥。后来随着宋室的北狩与南迁，食腊八粥的风俗得以迅速传播，作为一种大众食品一直流行到今天（程民生《中华文明中的汴京元素》）。

龙门石窟

洛阳城的南边有一条河，叫伊河，古人称伊水。伊水的东西两岸各有一座山，一名香山，一名龙门山，两山夹峙，一水中流，远望犹如天然的门阙，因名为伊阙。郦道元《水经注》讲：

> 伊水又北入伊阙，昔大禹疏以通水。两山相对，望之若阙，伊水历其间北流，故谓之伊阙矣。

这个伊阙，相传是大禹治水时开凿的，又叫龙门。《尚书 · 禹贡》讲：“导河积石，至于龙门。”在大禹开凿龙门之前，伊水在龙门山之南积聚，受阻于此山而无法向北流出，形成一

片汪洋，时常洪水泛滥。大禹凿开龙门山，使之分为东西两半，伊水得以从两山中间向北流出。（龙门山原是东西两山的统称，在其被伊水分为两半后，其东山于武则天建香山寺后而专称“香山”，而西山则继续称“龙门山”。）

“鲤鱼跳龙门”的传说就发生在这里。《太平广记》卷四六六引《三秦记》：

> 龙门山在河东界。禹凿山断门，阔一里余。黄河自中流下，两岸不通车马。每暮春之际，有黄鲤鱼逆流而上，得者便化为龙。又林登云：龙门之下，每岁季春有黄鲤鱼自海及诸川争来赴之。一岁中登龙门者不过七十二。初登龙门，即有云雨随之，天火自后烧其尾，乃化为龙矣。

◎龙门石窟（河南洛阳）

跳过龙门者为龙，跳不过者因触撞石壁，在额上留下一道黑疤。唐代大诗人李白有诗云："黄河三尺鲤，本在孟津居。点额不成龙，归来伴凡鱼。"（《赠崔侍御》）后世因以"点额"比喻应试落第或仕途失意。

"鲤鱼跳龙门"虽然奇特，但只是传说，无由亲眼得见。奇特而能亲眼得见者，是举世闻名的龙门石窟。

龙门石窟是中国四大石窟之一（另三大石窟是云冈石窟、敦煌莫高窟和麦积山石窟），密布于伊水东西两山的峭壁上，南北长达一公里，"现存洞窟1352个，佛龛785个，造像10余万尊，碑刻题记3680多块，佛塔39座"（单远慕《中原文化志》）。是世界上造像最多、规模最大的石刻艺术宝库，被联合国教科文组织评为"中国石刻艺术的最高峰"，位居中国各大石窟之首。

龙门石窟始凿于北魏孝文帝在位时期（471—499），历东魏、西魏、北齐、北周、隋、唐、五代、宋、明、清等10多个朝代，持续1400余年，是世界上营造时间最长的石窟。其中北魏的作品约占30%，唐朝的约占60%，其他朝代的约占10%。

龙门石窟多为皇家贵族所开凿，是世界上绝无仅有的皇家石窟。那么，是什么动机驱使这些皇家贵族一代又一代地持续开凿石窟呢？这里诚然有对佛教的信仰，有对雕塑与壁画艺术的热爱，但是除了这两点，还有没有别的动机呢？

我们知道，石窟的主体是雕像，不是壁画，壁画只是雕像的陪衬和烘托。正是雕像，透露了石窟建造者的动机，这就是：以皇家贵族自身的形象为依据去造佛像，使自己成为一尊供世人和后代瞻仰膜拜的佛。早在北魏文成帝在位（452—465）时，就"诏有司为石像，令如帝身"。而北魏石窟古阳洞中的释迦牟尼造像，就有孝文帝之"丽迹"。

至于那尊博大壮美、令人震撼的卢舍那大佛，则是武则天根据自身的容仪安排人雕刻的，所谓"实赖我皇，图兹丽质"（《大卢舍那佛龛记》)。武则天为此赞助了两万贯脂粉钱(相当于今天的600多万元人民币)。其开凿时间为咸亨三年(672),至上元二年(675)造成,历时三载。

这是一尊别具一格的摩崖露天大佛,整个像龛南北宽36米,东西进深40.70米。佛身通高17.14米,头高4米,耳朵长达1.9米。佛像面部丰满圆润,头顶为波状发纹,双眉弯如新月,一双秀目微微凝视下方,露出祥和的笑意,被国外游客誉为"东方蒙娜丽莎""世界最美雕像"。这尊高大的卢舍那大佛就是武则天的形象,大佛的头部就是她48岁时的容貌。卢舍那像龛竣工之日,武则天亲率文武百官参加开光仪式,并在伊水东岸礼佛,击鼓奏乐,至今这里还保留着当时的擂鼓台。武则天根据自己的容貌仪态雕刻卢舍那佛的消息传入日本后,圣武天皇发愿"朕亦奉造",在奈良建立了东大寺。

类似的例子还有一些。如北魏孝文帝为冯太后开凿古阳洞、李世民第四子李泰为其生母长孙皇后造宾阳南洞、李世民妃子韦贵妃凿敬善寺、大太监高力士为唐玄宗造无量佛等。古阳洞是北魏皇室贵族发愿造像最集中的地方,洞中除了皇室贵族的造像,甚至还有地方官吏的造像。

我们并不简单化地怀疑皇室贵族的宗教信仰和艺术爱好,但是不可否认,他们这些人的宗教信仰和艺术爱好往往是带有功利性的。如果没有这种功利性,他们的宗教信仰和艺术爱好也许不会持续1400多年。

◎卢舍那大佛(河南洛阳)

诗圣杜甫

豫州作为“九州腹地”，是中华文明的发祥地之一，这里的文化底蕴是非常丰厚的，不仅有龙门石窟、少林寺、应天书院等一大批名胜古迹，还诞生和培育了老子、庄子、墨子、韩非子、贾谊、张衡、蔡邕、许慎、钟繇、吴道子、程颐、程颢等一大批文化名人。豫州的诗人也很多，仅仅是唐代著名诗人就有杜甫、白居易、李贺等多人。尤其是杜甫，代表了中国古典诗歌的最高水平，被尊称为“诗圣”。

杜甫（712—770），字子美，河南巩义人。他为什么被尊为“诗圣”？可以用三句话来回答：一是他的诗歌真实而深刻地反映了他所生活的那个时代，被称为“诗史”；二是他的诗歌体现了浓厚的忧国忧民意识，被称为“人民诗人”；三是他的作品众体皆备，诗艺超群，被称为古典诗歌的“集大成者”。

杜甫的时代，是唐王朝由盛转衰的时代，从他的《自京赴奉先县咏怀五百字》《春望》《哀江头》《兵车行》和“三吏”“三别”等一系列名作，我们可以深切地感受到“安史之乱”给国家和人民造成的深重苦难，也就是说，可以看到唐王朝“衰”的一面。这一点，历来讲唐诗的学者都讲得很多了，我不再重复。我这里要强调的是，杜甫的诗歌也描写了唐王朝“盛”的一面，可以让我们形象地感受到历史上的“开元盛世”。例如《忆昔》这首诗：

◎杜甫故里（河南巩义）

忆昔开元全盛日，小邑犹藏万家室。
稻米流脂粟米白，公私仓廪俱丰实。
九州道路无豺虎，远行不劳吉日出。
齐纨鲁缟车班班，男耕女桑不相失。
宫中圣人奏云门，天下朋友皆胶漆。
百余年间未灾变，叔孙礼乐萧何律。

杜甫描写的这个“开元盛世”有九大特征：一是人口发达，小小的城镇就有上万户人家；二是富裕，不仅仅国富，民也富，无论是公家的仓库，还是私人的仓库，都是满满的，绝对不是国富民穷；三是境内安宁，道路上没有安全隐患，出门远行不用选择黄道吉日，所谓“天天都是好日子”；四是交通顺畅而文明，虽然物资运输繁忙，但是车辆行进有序；五是家人团聚，夫妻相守，男女各司其职、各尽其能；六是传统文化（例如像“云门”这样的古典乐舞）能够得到重视和传承；七是人际关系和谐，相处融洽；八是一百年间没有大的自然灾害；九是德治（礼乐）与法治并举，有法可依，法律具有权威性，具有连贯性，不是朝令夕改。

许多人都知道有一个“开元盛世”，但是这个盛世有哪些主要特征呢？可以说，无论是官修史书，还是私人著述，都没有杜甫描写得这样全面、这样形象。杜甫的描写，可以弥补官私文献之不足，因此才被称为“诗史”。

还有一点，历史上除了“开元盛世”，还有所谓“文景之治”“贞观之治”，也被说成是“盛世”，还有所谓“康乾盛世”，更是被某些人所津津乐道。但是如果我们仔细地阅读杜甫的这首《忆昔》，对照他所概括的“开元盛世”的九大特征，我们就不难发现，所谓“文景之治”“贞观之治”“康乾盛世”，都是要大打折扣的。

遗憾的是，“开元盛世”只延续了30年左右，进入天宝年间，唐王朝就出了严重问题，到了天宝十四载，就爆发了“安史之乱”。这个长达八年的战乱，使得国家和人民遭受深重的苦难，唐王朝由盛转衰，直到最后灭亡。杜甫的诗歌，就是通过他本人的亲身遭遇，真实而深刻地描写了这个由盛转衰的过程。

说到杜甫的诗歌成就，著名诗人元稹有一段话，可以说最权威：

> 至于子美，盖所谓上薄风骚，下该沈宋，古傍苏李，气夺曹刘，掩颜谢之孤高，杂徐庾之流丽，尽得古今之体势，而兼人人之所独专矣。……苟以为能所不能，无可不可，则诗人以来，未有如子美者。
>
> ——元稹《唐故工部员外郎杜君墓系铭并序》

这一段话，就明确了杜甫在古典诗歌方面“集大成”的地位。由于他在诗坛上的崇高地位，在全国各地，凡是他的足迹所到之处，都有纪念他的建筑，如杜甫草堂、杜公祠、杜甫祠堂等，达30余处。1962年，杜甫被世界和平理事会推选为世界文化名人。

梁州

华阳黑水惟梁州

梁州上

梁州在哪里?《尚书 · 禹贡》讲:

华阳黑水惟梁州。

华阳就是华山之南，华山在今陕西省华阴市南部，它是雍州、豫州和梁州的一个分界点，华山之北是雍州，华山之南是梁州，华山之东是豫州。

黑水是指哪条水呢？历来说法不一，孔安国的解释是，“黑水自北而南经三危，过梁州，入南海”。(《尚书正义》) 可参考。也就是说,《禹贡》梁州的范围，东自华山之南，西至黑水，包括今甘肃和陕西的华山以南地区、湖北西北部，云南中东部以及整个四川、重庆、贵州。

梁州的梁又是什么意思呢？东汉著名学者应劭有一个解释:

◎金沙江（云南丽江段）

梁州者，言西方金刚，其气强梁也。

——引自顾祖禹《读史方舆纪要》

意思是说，从五行的角度来看，西方属金，金的特点是刚强；梁州在中国西部，西部人的气质强梁。强梁者，强势、强劲、勇武之谓也。这个解释可备一说。

当年匹马戍梁州

和我们之前讲过的冀州、兖州、青州、徐州、扬州、荆州不一样，梁州这个地名在今天已经不存在了，许多人甚至不知道古代曾经有一个梁州。但是我们从古人的文学作品中还是经常可以看到，例如陆游就有这样一首很有影响的词：

> 当年万里觅封侯。匹马戍梁州。关河梦断何处，尘暗旧貂裘。　　胡未灭，鬓先秋。泪空流。此生谁料，心在天山，身老沧洲。
>
> ——陆游《诉衷情》

这是陆游晚年写在老家绍兴的一首词，回顾早年的慷慨从戎，感叹后来的被迫退隐，壮志未酬，报国无门。从字面到意境都很好懂，不用细作解释。需要指出的是，陆游这里所讲的天山，不是指新疆境内的那个天山，而是指南宋抗金前线。

宋孝宗乾道八年（1172），陆游在四川宣抚使司担任幕僚。这个宣抚使司就设在兴元府南郑县，也就是今陕西省汉中市汉台区。这里是古代梁州的治所，也是南宋抗金的前线，他在这里度过了八个月的军旅生活。“匹马戍梁州”，是他一生中唯一的一次从军经历，也是他晚年经常回忆的一段豪迈经历。他在这里写了许多作品，后来还有人编过一本《陆游汉中诗词选》。

陆游词里所讲的梁州这个地名，在南宋并不存在，它是一个古地名。那么，梁州这个地名最早是什么时候开始使用，又是什么时代开始不用的呢？

战国时代，讲九州的书有四种：一是《尚书 · 禹贡》，二是《周礼 · 职方氏》，三是《尔雅 · 释地》，四是《吕氏春秋 · 有始览》。这四种书关于九州的名称，可以说是大同小异，但是只有《尚书 · 禹贡》里有梁州，其他三本书里都没有。公元前 106 年，汉武帝在全国设立十三州刺史部，把《禹贡》九州的名称大都坐实了，但是其中没有梁州；东汉设立十三州刺史部，其中也没有梁州。值得注意的是，其中有一个益州。这个益州，就相当于《禹贡》所讲的梁州。三国前期，益州属于蜀国。三国后期，魏国灭了蜀国，把益州一分为二，一为益州，一

为梁州；益州在南，梁州在北。也就是说，直到三国后期，梁州这个名称才正式落地。

需要说明的是：第一，梁州在历史上存在的时间并不长。三国后期才建立，之后几次易主，几次更名，到中唐时改名为兴元府，以后就再也没有使用梁州这个地名了。第二，历史上的这个梁州远远没有《禹贡》所设想的梁州那么大，以西晋时期的梁州为例，它只管辖汉中郡等七个郡，包括今陕西省汉中市、重庆市和四川省的东北部。

梁州的州治在哪里呢？最初在沔县，也就是今汉中市勉县，不久移治南郑，也就是今汉中市汉台区。

汉中的得名源于汉江。汉江是长江的第一大支流，汉中是汉江的发源地，也是汉朝的发祥地。有人认为，汉族、汉语这两个词都源于汉中。今天的汉中，是一座国家级历史文化名城。

◎元墩龙湾景区（陕西勉县）

登坛拜将

在汉中市汉台区，有一个非常有名的历史和文学景观，叫拜将台。

公元前 206 年，刘邦领兵率先入咸阳，秦王子婴投降，秦朝随之覆灭。此前，项羽和刘邦等各路诸侯有约，谁先入咸阳，谁为关中王。可是项羽后来并没有遵守先前的这个约定，他把关中一分为三，分别封给秦朝的三个降将，而把刘邦封为汉王，管理巴、蜀和汉中三郡三十一县，设都城于南郑（今汉中市汉台区）。刘邦很不高兴，萧何劝他说：汉中这个地方，古人称为“天汉”，风水很好。你以汉中为根据地，安抚百姓，延揽人才，收服巴蜀，然后还定三秦，则“天下可图也”。刘邦采纳了萧

◎拜将台（陕西汉中）

何的建议，先做汉王，然后东出陈仓，定三秦，五年之后击败项羽，称帝，建立汉朝。汉朝之所以称汉朝，就因为刘邦之前是汉王，汉朝的帝业始于汉中。

刘邦当年在汉中最值得称道的一件事，就是听从萧何的建议，拜韩信为大将。人们所津津乐道的“登坛拜将”的故事就发生在这里。

韩信是淮阴（今江苏淮阴）人，一个天才的军事家，但是长期不得志。大家所熟悉的“一饭之恩”和“胯下之辱”这两个成语，都是讲他少年不得志的故事。项梁、项羽叔侄起兵反秦，韩信投奔项梁，但是不为人知。项梁死后，韩信跟随项羽，项羽也只是让他做一个帐前侍卫官，并没有委以重任。刘邦到蜀郡，韩信离开项羽，投奔刘邦，刘邦也没有委以重任，先是让他做一个司马，后来让他做一个管粮食的小官。只有滕公、萧何认为他是一个奇才。

韩信到了南郑，发现刘邦的部将已有数十人逃跑，而他自己又不被重用，于是他也跑了。萧何得知韩信跑了，也来不及禀告刘邦，骑上马就追，一路披星戴月。他是在哪里追上韩信的呢？有学者认为，是在通往蜀郡的米仓道。但是汉中的文史工作者认为，是在今汉中市留坝县境内的马道。他们说，韩信沿着褒斜道行至马道，遇上一条河，叫“寒溪”。当时“寒溪”正在涨水，水势汹涌，阻挡了去路，这就为急匆匆赶来的萧何赢得了时间。而在汉中一带，至今还流传着这样两句诗：“不是寒溪一夜涨，哪得炎刘四百年？”（王蓬《从长安到川滇——秦蜀古道全程探行纪实》）

话说当时萧何月夜追韩信，来不及禀告刘邦，于是就有人向刘邦报告，说萧何逃跑了。刘邦大怒，就像失去了左右手。两天之后，萧何来见刘邦，刘邦且喜且怒，问他为何要逃跑？萧何说，我没有逃跑，我是追逃跑的人去了。刘邦问追谁？萧何说追韩信。刘邦又怒：逃跑的将领有几十个，你一个都不去追，偏偏去追一个韩信，这是为何？萧何说：

诸将易得耳。至如信者，国士无双。王必欲长王汉中，无所事信；必欲争天下，非信无所与计事者。

——司马迁《史记·淮阴侯列传》

刘邦说：好，看在你的面子上，我任他为将军。萧何说：只是做一个将军，韩信肯定留不住。刘邦说：那就拜他为大将。于是就要吩咐手下人把韩信叫来，萧何拦住了他。萧何说：你向来简慢无礼，拜大将如同唤小儿，这就是韩信要走的原因。你如果真心要拜韩信为大将，必须选择吉日良辰，斋戒，设坛场，按照礼数来。刘邦答应了。《史记·淮阴侯列传》写道：

王许之。诸将皆喜，人人各自以为得大将。至拜大将，乃韩信也。一军皆惊。

登坛拜将之后，刘邦采纳韩信的建议，当年八月就出陈仓，定三秦，所向披靡。五年之后，刘邦称帝。他深有感触地对文武大臣说：

夫运筹策帷帐之中，决胜于千里之外，吾不如子房；镇国家，抚百姓，给馈饷，不绝粮道，吾不如萧何；连百万之军，战必胜，攻必取，吾不如韩信。此三者，皆人杰也，吾能用之，此吾所以取天下也。

——司马迁《史记·高祖本纪》

遗憾的是，韩信最后还是不得善终。他被吕后以谋反的罪名杀害了。刘邦得知韩信被杀，“且喜且怜之”。因为杀韩信，正符合刘邦得天下后一个一个地剪除异姓王的计划。而给吕后出主意、给韩信下圈套的人，就是当年月夜追韩信的萧何。因此民间一直流行这样一句话：“成也萧何，败也萧何。”

张骞通西域

在汉中市城固县博望街道，有一处国家级重点文物保护单位，也是一处重要的世界文化遗产，这就是张骞墓。

张骞是汉中城固人。汉武帝时，匈奴人打败了月支人，还把月支王的头颅拿去当饮器。月支人怨恨匈奴人，但是自身力量太小，又没有国家和他们联手。汉武帝一直想打匈奴，他得知这个信息，就想派使者到月支，表达汉朝愿意和他们联手打匈奴的想法。月支在今天的阿富汗北部，去月支，必须借道匈奴，因此要找有外交才干的人前往。于是汉武帝下诏招募使者。张骞作为一个郎官，主动应募，被选中。汉武帝让他带上 100 多人去月支，其中还有一

◎张骞纪念馆（陕西汉中）

个懂西域语言、擅长骑射的胡人，名甘父。张骞带领这100多人从陇西出发，没想到经过匈奴境内时，被匈奴人扣住了。匈奴单于说，如果我让你过境去联络月支，今后汉朝还会听我的吗？于是就坚持不放他走。张骞在匈奴，一待就是10多年，单于还让他娶了匈奴女，生了儿子。但是张骞一直拿着汉使的节杖，不改初心，不忘使命。他和苏武一样，是一个忠贞不渝的志士。

随着时光的流逝，匈奴人对张骞的监视有所放松，于是他就找到一个机会，带领他的部下，还有他的妻儿，逃走了。经过大宛（今乌兹别克斯坦）和康居（今哈萨克斯坦），终于到了月支。之前的月支王已被匈奴杀害，在位的月支王是他的夫人。这时候，月支人已经占领了大夏这个国家（也在今阿富汗境内）。月支女王认为，大夏这个地方土地肥沃，生活安定，而汉朝又离他们太远，所谓“远水解不了近渴”，他们已经没有了报复匈奴人的心情。张骞说服不了月支人，在那里考察了一年多的风土人情，就启程回国。谁知道再次经过匈奴时，又被匈奴人扣留了一年多。等他带着妻儿回到长安时，已经是13年之后了。当时随行的100多人，大都死在了异国他乡，只剩下那个懂西域语言、擅长骑射的胡人。汉武帝很感动，拜张骞为太中大夫。

张骞本是为了军事目的而出使月支，这个目的虽然没有达到，但是他因此而考察了西域的许多国家，了解了那里的土地、物产和风俗，这对于汉朝了解西域国家，和他们建立联系，意义是重大的。

张骞向汉武帝汇报说，他在大夏国时，看到了蜀地（今四川）产的竹子和布匹，他曾问当地商人是从哪里买到这些东西的，商人讲，是从身毒国（今印度）买到的。张骞由此判断，印度离蜀地不远。汉武帝因此就有了想法，要通大夏。而要通大夏，就必须通西南夷，也就是把汉朝的版图拓展到今天的四川南部和云南、贵州一带，然后由中国的西南进入大夏。

元朔六年（前 123），汉武帝派大将军卫青率兵攻打匈奴，以张骞为校尉随行。由于张骞熟悉匈奴地理，知道哪里有水草，于是人马不乏给养。张骞被封为博望侯。两年之后，汉武帝又派将军李广出右北平（今北京一带）攻打匈奴，以张骞为卫尉随行。张骞因故没有按时赶到，李广被匈奴人包围，得不到援助，损失惨重。张骞误期，按律当斩，后来被赎为庶人。

张骞虽然成了庶人，但是汉武帝还是一再向他了解西域的情况。汉武帝从他那里得知乌孙国（在伊犁河流域）正遭受匈奴人的攻击，而且那里还有上好的马匹，素称“天马”。于是再次起用张骞，拜他为中郎将，让他带领 300 多人出使乌孙，希望能够与乌孙联手，斩断匈奴的右臂。张骞到了乌孙，传达了汉武帝的谕旨，但乌孙人犹豫不决。也就是说，张骞出使乌孙的军事目的也没有达到。但是，他一路上派副使出使大宛、康居、月支、大夏等国，详细考察这些国家的情况，收获是巨大的。张骞回国后，被汉武帝封为大行官，一年之后去世，葬在老家汉中郡城固县。

张骞两次出使西域，虽然军事目的没有达到，但是在外交和文化交流上，收获是巨大的。汉朝通西南夷，通西域 36 国，张骞厥功至伟。他是汉朝开辟丝绸之路的第一人。

张骞为人坚强，有毅力，有远见，对人又很宽厚，能取信于西域各国。“博望侯”这个名称在西域各国，就是一张信誉极好的外交名片。后来那些出使西域的汉朝使者，都自称“博望侯”，西域各国对此深信不疑。张骞墓地所在的乡镇，也改名为博望镇（今为博望街道），作为对这位伟大的外交家的纪念，一直沿用到今天。

诸葛长眠定军山

在汉中勉县，有一个地方叫定军山，蜀汉丞相诸葛亮就长眠在这里。

蜀后主建兴五年（227），诸葛亮上了一道著名的《出师表》，表达了“兴复汉室，还于旧都”的夙愿，然后率师北伐，驻军汉中。在今天的汉中勉县，有一座武侯祠，这就是当年的诸葛亮行辕。

诸葛亮在六年的时间内五伐中原，他走的是哪一条道呢？为了搞清楚这个问题，我们有必要了解一下古代的蜀道。

古代的蜀道有很多。从蜀地到汉中，由东到西，著名的有荔枝道、米仓道和金牛道；从汉中到关中，由东到西，著名的有子午道、傥骆道、褒斜道、陈仓道和祁山道。据史书记载，

◎定军山（陕西勉县）

诸葛亮率军从汉中出发，走的都是西边的蜀道。

建兴六年（228）春，诸葛亮率军走祁山道，攻打今甘肃礼县境内的祁山，魏国境内的南安、天水、安定三郡闻风而降，京师为之震动。于是魏明帝亲自坐镇长安，命令将军张郃迎战。诸葛亮让马谡督军在前，与张郃战于今甘肃庄浪县境内的街亭。马谡不听诸葛亮节度，舍水上山，被张郃断了水道，结果大败。诸葛亮痛失街亭，挥泪斩马谡，然后退兵汉中。诸葛亮痛责自己用人不当，自贬三级。《三国演义》写诸葛亮失了街亭之后，用空城计退走司马懿 20 万大军。这是小说家的虚构，没有历史依据。

诸葛亮回到汉中之后，又给后主上了一道表，这就是有名的《后出师表》，表达了为北伐中原"鞠躬尽瘁，死而后已"的决心。这年冬天，诸葛亮第二次北伐。他率军出散关，走陈仓道，包围今陕西宝鸡市境内的陈仓。魏明帝派大将军曹真迎战，结果诸葛亮因粮尽而退兵。

建兴七年（229），诸葛亮第三次北伐，率军走阴平道，平定了魏国占领的武都、阴平二郡（都在今甘肃陇南市境内）。蜀后主下诏，恢复诸葛亮的丞相职务。

建兴九年（231），诸葛亮第四次北伐。他再次走祁山道，出祁山，用自己设计的木牛运粮草，再次因粮尽而退兵。

建兴十二年（234）春，诸葛亮第五次北伐。他率军走褒斜道，出斜谷（今宝鸡市太白县境内），用自己设计的流马运军粮，占据五丈原（今宝鸡市岐山县境内），与魏将司马懿对峙于渭水之南，长达 100 多天。这一年八月，诸葛亮患病，死于军中，享年 54 岁。

诸葛亮五伐中原为何未能成功？许多人认为，其中最主要的原因，就是蜀中无大将。例如唐代著名诗人李商隐就有这样两句诗：

> 管乐有才终不忝，关张无命欲何如？
>
> ——李商隐《筹笔译》

李商隐认为，诸葛亮自比春秋战国时期的贤相管仲和上将军乐毅，可谓当之无愧。遗憾的是，诸葛亮北伐时，手下已无大将，关羽和张飞早就死了。北伐刚刚开始，赵云也死了。李商隐的认识是具有代表性的，民间也流行这样两句话，“蜀中无大将，廖化作先锋”。

其实蜀中并非无大将，魏延就是很不错的一位。他是刘备在世时非常器重的一位将领，曾奉命镇守汉中。作为南郑侯，他在蜀军的地位是很高的，但是他的一些很好的建议，往往不被诸葛亮采纳。例如，魏延提出：

> 今假延精兵五千，负粮五千，直从褒中出，循秦岭而东，当子午而北，不过十日可到长安。
>
> ——《三国志》引《魏略》

魏延提议，趁长安的兵力薄弱，可率五千精兵走最东边的子午道，直达长安，丞相率兵走西边的褒斜道，与他在长安会合。这就是著名的“子午道奇谋”。但是诸葛亮认为，子午道和褒斜道都很险峻，主张西走平坦的陈仓道，先取陇右，这样更稳妥。

常言道：诸葛一生惟谨慎。正因为谨慎，他拒绝了魏延的建议，从而导致北伐无功。

“出师未捷身先死，长使英雄泪满襟”（杜甫《蜀相》）。诸葛亮死后，人们按照他的遗愿，把他埋葬在汉中勉县的定军山。有人因此不解，说诸葛亮死后，既不埋在成都，也不埋在他的老家琅琊阳都（今山东沂南），而是埋在了定军山，这是为何？

关于这个问题，我们通过勉县武侯祠的一副对联，即可找到答案：

> 未定中原此魂何甘归故土
>
> 永怀西蜀饮恨遗命葬定军

◎武侯墓（陕西勉县）

诸葛亮北伐中原，就是为了统一全国，结束那种分裂割据的局面，这既是刘备和诸葛亮的夙愿，也是许多有识之士的夙愿，更是《尚书 · 禹贡》划分九州的初衷。可是由于种种原因，这个夙愿在他生前未能实现，诸葛亮对此是不甘心的。他遗言自己死后葬在定军山，葬在北伐中原的前线，就是为了提醒后人，不要忘记他的统一全国的未竟事业。

蜀中才子赋传奇

梁州下

《禹贡》梁州，山奇险，水清幽，儒、释、道、游侠等各种文化杂糅，孕育了许多既富有才学，又富有传奇色彩的文化名人。这里只讲其中最有影响的四位：司马相如、陈子昂、李白和苏轼，他们都是蜀地人，也就是今四川人。

◎九寨沟（四川阿坝藏族羌族自治州）

相如辞赋文君井

司马相如（？—前 118）是汉景帝、武帝时代的人，老家在巴郡安汉（今四川省南充市蓬安县），后来客居成都。小名犬子，好读书，又好击剑。由于羡慕蔺相如的为人，改名为司马相如，字长卿。

司马相如早年客居成都，应该是在他去长安之前。晋代学者常璩的《华阳国志》在讲到成都时说：

> 城北十里有升仙桥，有送客观。司马相如初入长安，题其门曰："不乘赤车驷马，不过汝下也。"

所谓"赤车驷马"，就是由四匹马拉着的红色车驾，这是高官出行的派头。由此可见，他是一个有抱负的人。他到长安之后，景帝拜他为武骑常侍，但是他对做武官没有兴趣，他的长处在写辞赋，但是景帝又不好辞赋，因此不得志。后来，景帝的弟弟梁王回长安，他得知梁王是好辞赋的，在梁王的身边已经汇聚了邹阳、枚乘、严忌等一班辞赋家，他很高兴，就以生病为由，辞掉了武骑常侍这个官，跟随梁王到了梁国，也就是今河南开封。

几年之后，他写下了著名的《子虚赋》，这是他的成名作。后来梁王去世，他就回到了成都，成了一个无业游民，家徒四壁。

离成都不远有一个临邛县（今四川邛崃

市），县令叫王吉，和司马相如关系很好。王吉曾对司马相如说：你有困难的时候可随时来找我。于是司马相如就到了临邛，住在驿馆里。

临邛县有个富豪，叫卓王孙，家里有铜矿，又饲养了大量牛羊，僮仆上千人，资产上亿。此人有一个特点，就是喜好结交文化名人。他得知司马相如到了临邛，就跟县令王吉说：你能不能代我约一下司马相如，和他一起来我家喝酒？王吉说好啊。王吉派人去请司马相如，司马相如刚开始还装，还不肯去。王吉只好亲自去请，这样司马相如才肯去。

司马相如一到宴会现场，所有的客人都欢欣鼓舞，喝到酒酣。王吉拿着一把琴，走到司马相如的跟前说：你不是会弹琴吗？能不能给大家弹一曲？司马相如也不推辞，信手弹了一曲，所有的客人都为之叫好。

卓王孙有一个宝贝女儿，叫卓文君，是一个绝色美女。葛洪在《西京杂记》中说：

> 文君姣好，眉色如望远山，脸际常若芙蓉，肌肤柔滑如脂。

这个美女17岁嫁人，不久丈夫就去世了，又没有生孩子，于是就回到娘家，继续做她的“白富美”。此人有一个特点，就是喜欢音乐，爱听琴。司马相如见她长得美，心生爱慕，就用琴声去打动她。文君还真的就被他打动了。司马相如看出了她的心思，就向她表白。文君认为，以司马相如当时的经济条件，父亲卓王孙一定不同意这门亲事，于是两人一商量，就连夜私奔了，到了成都。

卓王孙得知消息，果然大怒，说此女不才，辱我门风，我不忍心杀她，但我不会给她一个钱。

文君到了成都，看看司马相如的家，果然家徒四壁。除了房子，一件家具都没有。古人认为家徒四壁就是穷光蛋，今人不这样认为。家有四壁，说明你有房产啊，是家具更值钱还是房产更值钱？古人认为是家具，今人认为是房产。

难得的是，文君虽然不悦，但是并没有动摇她对司马相如的爱。她对司马相如说，你还是跟我一起回临邛吧，我父亲虽说过不给我一个钱，但是我还有哥哥姐姐，我们去找他们，总能过日子的。

于是两个人就回到临邛，卖掉车马，买下了一个小酒店，自主创业。文君当垆卖酒，相如穿着一条“犊鼻裈”，刷盘子洗碗筷，跑前跑后招呼客人。街上的人得知他们开了一家小酒店，都想去一睹才子佳人的风采，他们的生意好得很。

在今天的邛崃市文君公园内，还有一口文君井，这里就是他们当年的酒肆故址。

◎文君井（四川邛崃）

卓王孙得知自己的女儿在街上抛头露面卖酒，更是生气，觉得受了奇耻大辱。这时候他的兄弟们就来劝他，说你只有一男两女，你缺的是钱吗？不，你缺的是人。你女儿既然已经跟了司马相如，这是没法改变的了。司马相如虽然穷，但毕竟是一个才子，又是县令的好友。你有这样的女婿，不算丢人，何必这样想不开呢？卓王孙一想也是，就承认了这门亲事，给了文君 100 万钱，还有嫁妆，还有 100 个僮仆。于是文君又跟司马相如高高兴兴地回成都，买地购房，过起了富人的生活。

这时候，汉武帝在长安，读到了司马相如的《子虚赋》，赞不绝口。说天下竟然还有这么有才华的人，可惜我生得太晚，不能见到此人。他还以为司马相如是古人呢。

武帝身边有一个“狗监”，就是管理宫廷宠物狗或者猎犬的太监，叫杨得意，蜀郡人。他对武帝说：写《子虚赋》的这个人还在，是我的同乡，叫司马相如。汉武帝大为惊喜，立即召司马相如进京。武帝问相如：《子虚赋》是你写的吗？相如说是。不过《子虚赋》是写诸侯之事的，算不了什么，我还可以再来一篇写天子之事的。于是又写了一篇《上林赋》，更绚丽多彩，更大气磅礴，汉武帝读了，更加飘飘然，拜司马相如为郎，后来又拜中郎将。

司马相如是一位富有传奇色彩的文化名人，他不仅是汉代杰出的辞赋家，也是一位善于处理西南少数民族事务的官员。汉武帝通西南夷，司马相如是立了大功的。（司马迁《史记·司马相如列传》）他再次回成都时，真的就是“赤车驷马”了。

合著黄金铸子昂

陈子昂（661—702）是武则天时代的人，老家在梓州射洪（今四川省射洪市），出生于富豪家庭。此人从小任侠使气，18 岁才开始发奋读书，五年之后即中进士。可见不是凡人。

在今天的射洪市金华山古观后面，还有陈公学堂的遗址，这是陈子昂年轻时读书的地方。

唐代有一本叫《独异记》的书记载说，陈子昂初到长安时，不为人知。有一天，他在街上看到有人在卖一把胡琴，开价 100 万。唐代人说的 100 万是指 100 万个铜钱，即 1000 贯铜钱，相当于 50 万元人民币（一贯铜钱即 1000 个铜钱，相当于 500 元人民币）。这确实不是一个小数字，围观者都感到诧异。他们把

◎陈子昂读书台（四川射洪）

胡琴拿过来，互相传看，但不知道是什么宝琴，怎么这么贵？陈子昂挺身站出来，对身边的仆人说：你用车拉 1000 贯钱来，把它买回去。围观者更加诧异，问他为何花这么大的价钱买一把胡琴？陈子昂说：我就是拉琴的高手，我喜欢。围观者又问：我们可以听一听你拉琴吗？陈子昂说：好啊！请你们明天都到我住处来，我就住在宣阳里。

第二天，那些围观者都到了宣阳里，陈子昂早已准备好了一大桌酒菜，还把胡琴摆在酒桌前边。等众人喝好吃好之后，陈子昂把琴捧在手上，对众人说：我，陈子昂，蜀地人，带了 100 篇文章来到长安，但是不为人知。每天奔走于风尘之中，碌碌无为。胡琴这东西，不过是优伶贱工所用之物，我一个读书人，怎么会在这种东西上用心？于是高高地举起胡琴来，朝地下摔得粉碎。然后拿出自己的文章，分送众人。众人读了他的文章，感觉确实写得好。于是陈子昂在一天之内，美誉传遍长安。（计有功撰、王仲镛校笺《唐诗纪事校笺》）

陈子昂高价买琴而摔琴，可以说是超出了人们的想象力。他这种做法，用今天的眼光来看，就是“行为艺术”。姜太公当年在磻溪钓鱼，也是“行为艺术”。“行为艺术”在中国，可以说是源远流长。而陈子昂就是通过这种“行为艺术”，使自己一日成名。

陈子昂在唐代文坛和诗坛上的地位是很高的。他反对六朝以来的华而不实的文风和诗风，主张弘扬“汉魏风骨”，倡导写作有现实生活内容、有思想深度、风格刚健朴实的诗文。他以自己的理论主张和创作实践，深刻地影响了当时的文坛和诗坛，开启了一代新风气。著名古文家和诗人韩愈说：

> 国朝盛文章，子昂始高蹈。
>
> ——韩愈《荐士》

“高蹈”，在这里是崛起、高超的意思。著名诗人元好问甚至说：

论功若准平吴例，合著黄金铸子昂。

——元好问《论诗绝句》

意思是说，陈子昂对诗坛的贡献，就像当年范蠡辅佐越王勾践平定吴国一样。越王勾践为了感念范蠡，就用黄金铸了一尊范蠡的雕像，放在自己的书案上。那么对于陈子昂，也应该用黄金铸一尊雕像来感念他。

公元 696 年，武则天的侄子武攸宜率兵北征契丹，陈子昂被任命为书记，掌管军中文书。武攸宜轻率无将略，陈子昂屡谏不听，还被贬为军曹。有一天，陈子昂来到了幽州台，也就是战国时期燕昭王为了延揽天下英才而修建的黄金台，写下了一首流传千古的名作：

前不见古人，后不见来者。
念天地之悠悠，独怆然而涕下。

——陈子昂《登幽州台歌》

幽州台的遗址在北易水的南边，这个地方原来属于河北省易县，后来属于定兴县。也有人说陈子昂写的这个幽州台在今北京市朝阳门外东南处。这首诗的意思是说，像燕昭王这样的礼贤下士、不惜重金延揽人才的明君，前无古人，后无来者。像我这样的具有满腹才华的人，再也没有机会施展抱负了。天地如此悠久，人生如此短暂；宇宙如此无垠，个人如此渺小。想到这里，不禁怆然泪下。

这个作品不仅写了自己的怀才不遇，更写了一种具有普遍意义的生命意识，因此引起了古今读者的广泛共鸣。

陈子昂没有司马相如那么幸运。他后来解职回乡侍候父亲，被射洪县令段简所陷害，死在监狱里。其实段简和他并无私仇。段简陷害陈子昂，是受了武则天的侄子武三思的指使。也就是说，一代奇才陈子昂的不幸，乃是拜臭名昭著的武家兄弟所赐。

奇之又奇《蜀道难》

李白（701—762）出生在唐代北庭都护府的碎叶城（今吉尔吉斯斯坦托克马克市），五岁左右随父亲迁回到内地绵州昌明（今四川江油市），他在这里生活了20年。25岁左右，李白“仗剑去国，辞亲远游”，从此再也没有回过蜀地。

李白离开蜀地，走的是陆路还是水路呢？显然是水路。有诗为证：

> 峨眉山月半轮秋，影入平羌江水流。
> 夜发清溪向三峡，思君不见下渝州。
> ——李白《峨眉山月歌》

这首诗就写在他离开蜀地的那一年。“平羌江”就是青衣江，在峨眉山东北；“清溪”就是清溪驿，在峨眉山东南。“渝州”就是今重庆。由青衣江进入长江，经重庆而向三峡，清晰地表明他当年走的是水路，不是陆路，不是通常所说的蜀道。

李白去过长安两次，一次是从今湖北境内的安陆出发，一次是从今山东境内的兖州出发，也就是说，他到长安，并没有走蜀道。令人称奇的是，他第一次到长安时，居然写了一首以蜀道为题材的《蜀道难》，写得非常真切，令人有身临其境之感，好像他真的是经由蜀道到长安去的。

李白这首诗写的蜀道，就是从成都到汉中

的金牛道，以及从汉中到关中的陈仓道。证据有二：

第一，李白《蜀道难》一诗中出现了两个地名：一是“剑阁”，所谓“剑阁峥嵘而崔嵬，一夫当关，万夫莫开”。“剑阁”就在金牛道上；二是“青泥岭”，所谓“青泥何盘盘，百步九折萦岩峦”。“青泥岭”就在陈仓道上。

第二，李白《蜀道难》一诗写到了五丁开山的故事，所谓“地崩山摧壮士死，然后天梯石栈相钩连”。这个故事就发生在金牛道上。据《华阳国志·蜀志》记载，秦惠王想平定蜀国，他得知蜀王好色，就送给蜀王五个美女，蜀王很高兴，就派五个壮士去迎接。走到梓潼时，遇见一条大蛇钻入山洞，挡住了道路，五个壮士一起拉住蛇尾，想把它拉出来，结果山被拉垮，五个壮士和五个美女都被压死，山也分为五岭。从此以后，秦地与蜀地之间才有了交通往来。

《蜀道难》是一个乐府旧题，之前已有好几个人写过，李白超越前人的地方主要体现在两个方面：

一是根据自己在蜀中生活的见闻，结合神话传说、历史记载和瑰奇的想象，把蜀道之难、之奇、之险，写得淋漓尽致。例如：“连峰去天不盈尺，枯松倒挂倚绝壁。飞湍瀑流争喧豗，砯崖转石万壑雷。其险也如此，嗟尔远道之人胡为乎来哉！”尤其是“蜀道之难难于上青天”这一句，就像一个音乐作品的主旋律，三次出现，可以说是令人惊心动魄。

二是在写蜀道之难的同时，还写了诗人对现实的关切，还有告诫和规劝之意。例如：“所守或匪亲，化为狼与豺。朝避猛虎，夕避长蛇，磨牙吮血，杀人如麻。锦城虽云乐，不如早还家。”他告诫那些在蜀地为官者，不可恃险割据；规劝那些在蜀地游玩者，不可乐而忘返。

李白这首《蜀道难》最早收入盛唐人殷璠编的《河岳英灵集》，殷璠评价说：

©剑门关金牛道（四川广元）

李白为文章率皆纵逸，至如《蜀道难》等篇，可谓奇之又奇。

——郁贤皓校注《李太白全集校注》

事实上，李白这首《蜀道难》不仅是他最好的作品之一，也是整个唐诗中最好的作品之一。朱谏的《李诗选注》评价说：

白此诗极其雄壮，而铺叙有条，起止有法，唐诗之绝唱者。

——郁贤皓校注《李太白全集校注》

据说李白于天宝初年第二次到长安时，住在旅馆里。太子宾客贺知章得知，就去拜访他。贺知章首先是对李白潇洒飘逸的风度感到惊奇，然后提出要读一读他的诗文。李白就把自己第一次到长安时写的《蜀道难》拿给他看。贺知章还没读完，就再三地称赞、感叹，说你不是凡人啊，你是天上贬谪到人间的仙人！“谪仙”这个雅号就是这样来的。

贺知章当即邀请李白去酒店饮酒，两人喝得酩酊大醉。临到结账时，贺知章才发现自己没有带钱，于是就把身上佩戴的一只金龟解下来，交给酒店的伙计。这就是有名的“解金龟换酒”的故事。(孟棨《本事诗·高逸》)

贺知章是太子的老师，又是著名诗人，他的地位是很高的。他如此这般地推崇李白，李白的名气就更大了。

不辞长作岭南人

苏轼（1037—1101）是眉山（今眉山市东坡区）人，他出川，是在 21 岁那一年，他父亲带着他和他弟弟苏辙去汴京参加进士考试。他们先到成都拜会朋友，然后从成都出发，过剑门，经凤翔，走的正是金牛道和陈仓道。

第二年春天，他和弟弟苏辙同时中进士，创造了科举考试的一个奇迹；而当年的主考官则是文坛领袖欧阳修，“唐宋八大家”中的一家录取了另外的两家，又创造了一个奇迹。欧阳修对苏轼赞赏有加，说“此人可谓善读书，善用书，他日文章，必独步天下”（杨万里《诚斋诗话》）。

欧阳修的预言非常准确。作为宋代杰出的文学艺术家，苏轼在古文、诗、词和书法方面都取得了第一流的成就。在古文方面，他和欧阳修并称“欧苏”；在诗方面，他和黄庭坚并称“苏黄”；在词方面，他和辛弃疾并称“苏辛”；在书法方面，他和黄庭坚、米芾、蔡京并称“苏黄米蔡”。此外，他在绘画、医药、养生、酿酒、饮食等许多方面，也都有很高的造诣。他曾说，他一生只有三事不如人：一是饮酒，二是唱曲，三是下棋。也就是说，除了这三件事，他在其他方面都是很自信的。像这样的全才，在历史上是非常少见的。

也许正是太多才了，上天对他太器重了，因此就给了他许多磨难。他一生经历了庆历新

©苏东坡像（海南儋州）

政、熙宁变法、元祐更化、绍圣绍述等多个重大历史事件，可以说是升沉起伏，饱经忧患。他晚年曾经这样总结自己的一生：

问汝平生功业，黄州惠州儋州。

——苏轼《自题金山画像》

这三个地方，都是他的贬谪之地，而且一个比一个遥远，一个比一个荒凉。令人钦佩的是，他都从容淡定地走过来了，他所接受的儒、道、佛三者相融的传统文化精神，他的旷达超脱的人生态度，使得无论命运把他抛向哪里，他都能够随遇而安。他留给后人的精神财富，除了脍炙人口的文学艺术作品，就是这种旷达超脱的人生态度。

◎东坡肉

神宗元丰二年（1079），由于对熙宁变法中的某些做法提出不同意见，苏轼由湖州知州贬为黄州团练副使，不得签书公事，俸禄减了一半。为了补贴家用，他带着一家老小，去城东的一块坡地开荒种菜，“东坡”这个字号就是这个时候取的。他买不起好一点的猪肉，只能买便宜的五花肉。他把五花肉切成大块，用葱姜垫锅底，加上酒、糖、酱油，用水在文火上慢慢地焖，“东坡肉”就这样做成了，后来竟成了一道名菜。

他在黄州贬所一待就是五年。这五年，也正是他在文学创作上的一个黄金时期，著名的《前赤壁赋》《后赤壁赋》和《念奴娇·赤壁怀古》就是在这个时期问世的。他在黄州还写了一首脍炙人口的《定风波》：

莫听穿林打叶声，何妨吟啸且徐行。竹杖芒鞋轻胜马，谁怕？一蓑烟雨任平生。

料峭春风吹酒醒，微冷，山头斜照却相迎。回首向来萧瑟处，归去，也无风雨也无晴。

通过这首词，我们就可以看到他面对挫折时的一种达观超脱的人生态度。

哲宗绍圣元年（1094），有人指控他在文章中讥刺神宗，他被贬为宁远军节度副使、惠州安置。惠州在岭南，高温多雨，气候湿热，被古人视为不宜居的蛮荒之地。苏轼的小妾王朝云，还有王朝云生的儿子，都是由于不能适应惠州的气候环境而病逝的。苏轼经受了政治上和人伦上的重大变故，但是他以他的坚毅精神和旷达情怀，还是挺过来了。到后来，他甚至喜欢上了惠州，喜欢上了岭南。他在一首诗里这样写道：

罗浮山下四时春，卢橘杨梅次第新。
日啖荔枝三百颗，不辞长作岭南人。

——苏轼《食荔枝二首》其二

这首诗传到京师开封，被他的反对者看到了。反对者发现，苏轼在岭南过得还很快活啊，幸福指数还很高啊，这不行，再贬，贬得更远一些。

哲宗绍圣四年（1097），苏轼再贬儋州。儋州在海南，气候更炎热，环境更荒凉，连住的地方都没有。苏轼带着他的第三子苏过，上山砍树，割茅草，盖起了三间小茅屋。还在屋旁栽了几棵桄榔树。这个地方就是桄榔庵的所在地。元仁宗延祐四年（1317），当地人在桄榔庵的旧址建了一座东坡祠。

他是准备好了要在海南终老的。农忙的日子，他赶着水牛去耕地，一边耕地一边唱歌。闲暇的日子，他就教当地的孩子读书识字，传播中原先进文化。海南岛上的第一个举人姜唐佐，就是苏轼的学生。

◎东坡书院（海南儋州）

第二年，他在自己讲学会友的地方建了一个载酒堂。这个载酒堂，就是后来“苏粉”们到了儋州都要去打卡的东坡书院，始建于明嘉靖二十七年（1548）。

在那样一个艰苦卓绝的环境里，许多人都以为苏轼回不来了，他自己也是这样想的。没想到三年之后，哲宗死了，徽宗即位，大赦天下，苏轼得以北归，再次书写了一篇人生传奇。

苏轼走到澄迈驿，登上通潮阁，写了一首诗，其中有这样两句：

> 余生欲老海南村，帝遣巫阳招我魂。
>
> ——苏轼《澄迈驿通潮阁》

所谓“欲老海南村”，就是做好了终老海南的思想准备。这就是随遇而安的旷达情怀。

雍州

黑水西河惟雍州

雍州上

雍州是《禹贡》九州的最后一州。《禹贡》讲：

黑水西河惟雍州。

“黑水”，诸家解释不一。郦道元《水经注》的解释是：“黑水出张掖鸡山，南流至敦煌，过三危山，南流入于南海。”“西河”，就是陕西、山西之间的那段南北走向的黄河。雍州的范围，西至敦煌，东至西河，大致包括今宁夏全境、甘肃和陕西的华山以北地区，以及内蒙古西部和青海中东部。

“雍”是何意？宋人程大昌的《雍录》有一个解释：

雍，壅也，四面有山，壅塞为固也。

雍州的地理环境有这样两个特点：

©黄帝陵（陕西延安）

一是深居内陆，远离海洋，又有高山阻隔，海洋暖湿气流不易到达，故降水量较少，属于干旱和半干旱地区，冬季严寒而干燥，夏季高温；

二是土地辽阔，地形多样，高原、山地、沙漠、戈壁、草原、平原皆有，故农耕和游牧这两种生产与生活方式长期并存，也常常发生激烈冲突。

雍州的重心在关中。杜甫《秋兴八首》之六写道：

> 回首可怜歌舞地，秦中自古帝王州。

秦中就是关中。关中之地，面积达 55000 平方公里，又有渭水从中穿过，地势平坦，土地肥沃，灌溉方便，因此成为中国农耕文化的发祥地之一。又由于东有潼关，西有散关，南有武关，北有萧关，易守难攻，地理位置独特而优越，故先后有周、秦、西汉、前秦、后秦、西魏、北周、隋、唐等 13 个王朝在此建都，前后长达 1100 多年。

作为曾经的帝王州，关中对全国的影响是广泛而深远的。例如，中央集权的君主专制政体最早是在这里建立的，礼乐制度最早是在这里形成的，科举考试最早也是在这里举行的，仅仅是这三个方面，就有说不完的话题。这里只讲一个与科举考试有关的话题。

雁塔题名

我们到了西安，往往要登大雁塔，这是唐代留下来的一座楼阁式砖塔，又叫慈恩寺塔，既是全国重点文物保护单位，又是世界文化遗产。

唐太宗贞观二十二年（648），太子李治为追念其生母文德皇后，报答慈母恩德，祈求冥福，奏请太宗敕建佛寺，赐名“慈恩寺”。慈恩寺建成之初，迎请高僧玄奘担任上座法师。玄奘于此创立了大乘佛教法相宗（又称唯识宗），慈恩寺也由此成为中国大乘佛教的圣地。

玄奘法师为了妥善安置佛经、佛像和佛舍利，于唐高宗永徽三年（652）上奏朝廷，拟在慈恩寺西院建造一座七层佛塔，得到朝廷的

◎大雁塔（陕西西安）

恩准和资助。这座佛塔最初叫雁塔，后来由于在长安荐福寺内建造了一座较小的雁塔，因此慈恩寺塔就被称作大雁塔，荐福寺塔则被称作小雁塔。

据史料记载，自唐中宗神龙年间（705—707）开始，进士及第者都要在大雁塔下题名，并由此形成一种风俗。进士及第者于六月十五日在曲江出席由宰相召集的“曲江游宴”，然后一起来到大雁塔下，在同年中推选一名书法好的人，在塔下题写他们的名字。

“雁塔题名”被誉为“天地间第一流人第一等事”，甚至得到了皇家的推崇，将其与“曲江游宴”并列，成为当时学子的无上荣光。唐德宗贞元十六年（800），年仅 27 岁的白居易进士及第，成为同榜 17 人中最年轻的一位，他因此在塔下题写了这样两句诗：

慈恩塔下题名处，十七人中最少年。

自豪之情溢于言表。

随着科举考试制度的持续推行，进士越来越多，大雁塔下四壁都题满了这些幸运者的名字。

◎大雁塔（陕西西安）

遗憾的是，北宋神宗年间，大雁塔发生过一次火灾，题名壁被焚毁。现在我们在大雁塔上看到的题名，并非唐代进士的题名，而是明朝时陕西省的那些乡试举人的题名，他们仰慕唐朝进士“雁塔题名”的佳话，也相约去大雁塔下题名。

大雁塔不仅留下了唐代进士题名的佳话，也催生了许多优秀的诗篇。例如大诗人杜甫，虽然由于奸相李林甫的弄权，没能进士及第，没能在大雁塔下题名，但是却留下了传诵千古的登塔名作。唐玄宗天宝十一载（752）秋天的某一日，诗人杜甫、高适、岑参、薛据、储光羲等人同时登上大雁塔，同时都写了诗，杜甫、岑参写得最好。我们且看杜甫的《同诸公登慈恩寺塔》：

高标跨苍穹，烈风无时休。自非旷士怀，登兹翻百忧。

……

秦山忽破碎，泾渭不可求。俯视但一气，焉能辨皇州。

回首叫虞舜，苍梧云正愁。惜哉瑶池饮，日晏昆仑丘。

黄鹄去不息，哀鸣何所投。君看随阳雁，各有稻粱谋。

这首诗写于“安史之乱”爆发的前三年。身兼范阳、平卢、河东三镇节度使的安禄山和叛将史思明正在幽州秣马厉兵，准备发动内乱，而唐玄宗却丝毫不觉。他沉湎于酒色，纵情享乐，把政事都交给杨贵妃的堂兄杨国忠等人。杜甫在这首诗里，借古代帝王的放纵享乐，讽刺沉湎于酒色的唐玄宗，既表达了对国事的忧虑，也表达了自己的身世之感。他像黄鹄一样志存高远，却活得很艰难，找不到出路；而那些“随阳雁”，那些“候鸟”，却善于为自己谋划，活得有滋有味。

由于这首诗既有很强的现实针对性，又揭示了专制社会那种普遍的逆淘汰现象，思想深刻，艺术成就也很高，因此就成了传世名作。而大雁塔也正是由于催生了这样的传世名作，就成了一个著名的文学景观。

骊山烽火

在西安市临潼区东南部，有一座名山叫骊山，这是秦岭北侧的一条支脉，因西周时有一个叫骊戎的小国在这一带而得名。骊山风景秀丽，温泉又好，周、秦、汉、唐时期，一直是一处皇家园林。帝王们带着宠臣、近侍和后宫美女在这里享乐，风光无限，但也留下了一些千古笑谈。

最典型的就是周幽王和褒姒的故事。幽王成天吃喝玩乐，好色荒淫，到处物色美女，不理政事。有一个叫褒珦的老臣就去劝谏他，要他好好管理国家，爱护百姓，不要把百姓家的

姑娘弄到宫里来。幽王不但不听，还把褒珦关进牢里，关了三年也不肯放出来。褒家的人为了营救褒珦，就从乡下买回一个美女，取名褒姒，把她送给幽王。幽王发现褒姒确实非常漂亮，超过了所有的后宫美女，就把褒珦从牢里放出来了。可是这个褒姒并不喜欢幽王，成天眉头紧锁，唉声叹气，暗地流泪。无论幽王怎样讨好她，逗她开心，她都不肯笑一笑。于是幽王就出了一个赏格：谁有办法让褒娘娘一笑，就赏他千金。这时就有一个特会拍马屁的人，叫虢石父，他给幽王出了一个主意。幽王听了他的主意，就把褒姒带到骊山来。

原来早前的周天子为了防备西戎的入侵，在骊山建了 20 多座烽火台，每隔几里就建一座。如果西戎打进来，把守第一道关的士兵就把烽火点起来，第二道关上的士兵见到烟火，也把烽火点起来，这样一个接

◎骊山（陕西临潼）

一个地点上烽火，临近的诸侯看到了，就会发兵来救援。

幽王带着褒姒上了骊山。到了晚上，就让虢石父把烽火都点起来，临近的诸侯看到烟火，以为是西戎打进来了，就赶紧带兵过来勤王。没想到一个敌人都没见到，根本不像打仗的样子。诸侯们好生疑惑，就问幽王是怎么回事？幽王说："大家辛苦了，没有敌人，是我和褒娘娘在玩烟火呢。"诸侯们就很生气地回去了。

褒姒看到这一幕，觉得太荒唐了，就笑了一下。幽王看到褒姒终于笑了，就把千金赏给了虢石父。

不料没过多久，西戎真的打进来了，幽王赶紧叫虢石父点烽火，召唤诸侯来勤王。但是诸侯们怕再次上当，一个都不来。结果西周大败，幽王也被西戎杀了。这就是"烽火戏诸侯"的故事。唐代诗人胡曾有诗云：

恃宠娇多得自由，骊山举火戏诸侯。
只知一笑倾人国，不觉胡尘满玉楼。

——胡曾《咏史诗·褒城》

1500 多年之后，在骊山，又发生了一件荒唐事。

原来骊山上除了周朝人建的烽火台，还有多处温泉。其中有一处，在唐太宗时还建了宫殿，叫汤泉宫。唐玄宗天宝六载，改名为华清宫。每年十月，唐玄宗都要带上他的宠臣、近侍还有杨贵妃等后宫佳丽去华清宫泡温泉，一直住到年底才回长安。白居易的名作《长恨歌》就写到了杨贵妃在华清宫泡温泉的情景：

春寒赐浴华清池，温泉水滑洗凝脂。
侍儿扶起娇无力，始是新承恩泽时。

当然，杨贵妃在骊山，还不只是泡温泉，她还要陪同唐玄宗听歌观

◎华清宫（陕西临潼）

舞。《长恨歌》接着写道：

骊宫高处入青云，仙乐风飘处处闻。
缓歌慢舞凝丝竹，尽日君王看不足。

曾经亲手缔造了开元盛世的唐玄宗，这个时候完全昏庸了，他把政事都交给杨贵妃的堂兄杨国忠等人，自己则完全沉湎于声色之中，以至于安禄山在渔阳起兵，他还浑然不觉。正如《长恨歌》所描写的：

渔阳鼙鼓动地来，惊破霓裳羽衣曲。

白居易的这段描写是很真实的。据程大昌的《雍录》一书记载，唐玄宗是每年十月上骊山，年底才回长安，而“安史之乱”的爆发，是在天宝十四载十一月，这个时候的唐玄宗和杨贵妃正在骊山。

周幽王在骊山“烽火戏诸侯”而被西戎所杀，唐玄宗在骊山泡温泉而遭遇“安史之乱”，就成了千古笑谈。描写这两个事件的文学作品也很多，有些还成了经典，因此骊山就成了一处著名的文学景观。

马嵬兵变

唐玄宗天宝十四载（755）十一月，“安史之乱”爆发。第二年（756）六月，长安的门户潼关失守，京师一片恐慌，唐玄宗带着宰相杨国忠和韦见素，还有太子、亲王、杨贵妃、内侍高力士、禁军大将陈玄礼等4000多人逃往蜀地（四川）。谁知刚刚走了100多里，到了兴平境内的马嵬驿，禁军大将陈玄礼提出，安禄山造反的口号是“诛杀杨国忠”，国家走到这步田地，杨国忠不能辞其咎，要求皇帝顺应民意，诛杀杨国忠父子。唐玄宗只得答应。但是诛杀了杨国忠父子之后，随行军士仍然不肯罢休，说杨国忠是杨贵妃的兄长，他之所以飞扬跋扈、为非作歹，杨贵妃不能辞其咎，要求诛杀杨贵妃。唐玄宗万般无奈，只有含泪赐死自己最心爱的女人。这就是历史上非常有名的“马嵬兵变”。白居易的《长恨歌》也描写了这次事件：

九重城阙烟尘生，千乘万骑西南行。
翠华摇摇行复止，西出都门百余里。
六军不发无奈何，宛转蛾眉马前死。
花钿委地无人收，翠翘金雀玉搔头。
君王掩面救不得，回看血泪相和流。

杨贵妃是怎么死的？我们通过“回看血泪相和流”这一句，得知她是被刀砍死的，或是被剑刺死的，因此流了血。但是《旧唐书·玄

◎马嵬驿杨贵妃墓（陕西兴平）

宗杨贵妃传》的记载与此不同：

> 及潼关失守，从幸至马嵬，禁军大将陈玄礼密启太子，诛国忠父子。既而四军不散，玄宗遣力士宣问，对曰“贼本尚在”，盖指贵妃也。力士复奏，帝不获已，与妃诀，遂缢死于佛堂。时年三十八，瘗于驿西道侧。

根据这一段记载，可知杨贵妃是缢死的，缢死者怎么会流血呢？有人因此认为，《长恨歌》里的“回看血泪相和流”这一句，是诗人的想象之辞。

但是，问题似乎还没有完。据日本的民间传说，杨贵妃当时根本就没有死。她在唐玄宗亲信的掩护之下，逃走了，去了日本。

在和中国大陆隔海相望的日本山口县，有一个名为“久津”的海边小村，这个村还有另一个称号：“杨贵妃第二故乡”。小村有一座名叫二尊院的寺庙，寺庙里有一片墓地，据介绍都是从中国和朝鲜半岛漂流至山口县的移民的墓地，而其中最显眼的一座墓，就是杨贵妃墓。

在日本民间，杨贵妃的影响力远超我们的想象。日本人心中有三大美女，分别是：杨贵妃、埃及艳后、小野小町（日本平安时代的女诗人）。

杨贵妃在日本的影响为什么这样大？这与白居易的诗有关。白居易的诗通俗易懂，所谓“老妪能解”。日本的那些留学生和僧人到了长安，发现唐人的诗中，只有白居易的诗一看就懂，李白、杜甫等人的诗都不大好懂，于是他们就把白居易的诗带了许多回日本。而在白居易的《长恨歌》里，恰好就有这样几句：

天旋地转回龙驭，到此踌躇不能去。
马嵬坡下泥土中，不见玉颜空死处。

据《旧唐书》记载，唐玄宗跑到成都待了两年之后，郭子仪、李光弼率政府军收复了长安和洛阳，新皇帝唐肃宗派人接太上皇玄宗回长安。玄宗决定改葬杨贵妃。他走到马嵬驿，叫宦官把杨贵妃的墓打开，发现“肌肤已坏，而香囊仍在”。玄宗看着香囊，伤心欲绝。

白居易大概就是根据“肌肤已坏”这个事实，写下了“马嵬坡下泥土中，不见玉颜空死处”这两句。这两句诗就给日本民间很大的想象空间，既然马嵬驿的坟墓里不见杨贵妃的玉颜，那么她去了哪里呢？她渡海到了日本。

唐玄宗和杨贵妃的故事，一直以来就是文学创作的一个热门题材，这一方面的文学作品多得很。就古代来讲，最著名的就有白居易的叙事诗《长恨歌》，陈鸿的小说《长恨歌传》，白朴的杂剧《梧桐雨》，还有洪昇的传奇《长生殿》，这些作品都写到了马嵬驿，因此马嵬驿也成了一个著名的文学景观。

霸桥送别

在西安市东南，有一条古老的河流，源自商洛市商州区，往北经西安蓝田县注入渭水，原名滋水。春秋时期，作为五霸之一的秦穆公为了彰显自己的霸业，将它改名为霸水。又在霸水上建了一座桥，叫霸桥（这个“霸”字又写作“灞”字）。

灞桥是一座富有诗意的古桥。从汉代开始，人们从长安东出函谷关，必经此桥，送行的人，也必在此桥头折柳送别。《三辅黄图》这本书记载：

> 灞桥，在长安东，跨水作桥。汉人送客至此桥，折柳赠别。

折柳送别由此成为一种风俗，这种风俗一直延续到唐代。例如晚唐诗人裴说就写过一首脍炙人口的《柳》：

> 高拂危楼低拂尘，灞桥攀折一何频。
> 思量却是无情树，不解迎人只送人。

所谓“灞桥攀折”，就是指送行至此，要在桥头折柳送别。为什么要折柳送别呢？有两个原因：一是“柳”这个字，和留恋的“留”字谐音，折柳送别，表示留恋之意；二是这一带的柳树很多。

不仅灞桥的桥头有很多柳树，离灞桥不远的灞陵，也就是汉文帝的陵墓附近，也有很多柳树，这里也是一个折柳送别的地点。宋人程大昌的《雍录》记载：

> 汉世凡东出函、潼，必自灞陵始，故赠行者于此折柳为别也。李白词曰“年年柳色，灞陵伤别”也。

我们来看看李白的名作《忆秦娥》：

> 箫声咽。秦娥梦断秦楼月。秦楼月。年年柳色，灞陵伤别。
>
> 乐游原上清秋节。咸阳古道音尘绝。音尘绝。西风残照，汉家陵阙。

这首词的主人公是“秦娥”。说到“秦娥”，又得讲一讲秦穆公了。据刘向的《列仙传》一书讲，秦穆公有个女儿叫弄玉，爱听箫；秦宫里有个乐工叫箫史，善吹箫。弄玉很爱慕他，秦穆公就把女儿嫁给了他。箫史每天都教弄玉吹箫，有时还模仿凤凰的叫声。久而久之，凤凰真的来了，夫妇俩骑上凤凰而去，做了神仙。秦穆公思念女儿，就把女儿曾经住过的楼叫凤楼，把女儿吹过的箫叫凤箫。

李白词里的这个秦娥，是指长安的一位女子，她和她的丈夫曾经有过一段像弄玉、箫史那样的浪漫爱情。但是后来，她的丈夫西出咸阳，戍边去了，求功名去了。秦娥日夜思念丈夫。有一天晚上，她在睡梦中被一阵箫声惊醒。箫声呜咽而悲凉，让她想起了自己的丈夫。她再也睡不着了，就起来，走到楼上，发现楼上悬挂着一轮秋月。由这一轮秋月，她想到了春天在灞陵的折柳送别。“年年柳色，灞陵伤别”。古往今来，有多少人在此折柳送别啊！

第二天就是清秋节，也就是重阳节。这是人们登高望远的日子，于是她就到了长安东南的一个游览胜地乐游原。站在乐游原上，可以俯瞰长安全城。往西，可以看到咸阳古道，她的丈夫当年就是沿着这条古道西出阳关的。许多年了，一点音讯都没有。这时候，天色已经很晚了，夕阳的余晖笼罩着汉代诸多帝王的陵墓，这让她想到了一个带有普遍性的问题，这就是生命的价值和意义问题。许多人告别亲人，西出阳关，追求功名，而最大的功名，不就是称王称帝吗？但是最后又如何呢？功名总是暂时的，生命总是有限的，无论帝王将相，还是普通人，最后还不都是走向死亡，走向坟墓吗？

这首词由折柳送别，想到功名，想到生死，它的意义是深刻的，是具有普遍性的。王国维《人间词话》讲：

> 太白纯以气象胜。“西风残照，汉家陵阙。”寥寥八字，遂关千古登临之口。

意思是说，别的人登高望远，再难写出像李白这样气象博大而感慨深沉的作品。

因为有裴说《柳》和李白《忆秦娥》这样的名作，人们加深了对折柳送别这一风俗的认识，而与折柳送别有关的灞桥和灞陵，也就成了著名的文学景观。

需要说明的是，今天我们看到的灞桥，已经不是秦、汉时的灞桥了，也不是隋、唐时的灞桥，它的位置有所变动，建筑材料也不一样了。但是通过今天的灞桥，还是可以想象到当年折柳送别的情景。

◎霸桥（陕西西安）

藩篱百二壮雍州

雍州下

明代有一位进士，叫赵锦，浙江余姚人，做过兵部侍郎。他有一次到了河西走廊的张掖，登上了著名的镇远楼，放眼四望，一种豪情油然而生，于是作了一首诗，其中有这样两句：

部落三千依积石，藩篱百二壮雍州。

——赵锦《题镇远楼》

“积石”，是指青海东部的积石山脉，这里曾经是吐谷浑故地，有许多少数民族部落。“藩篱”在这里指关塞。“藩篱百二壮雍州”，是说雍州的地理位置特殊，四周都有关塞屏障。

我之前讲过，关中作为雍州的重心，东有潼关，西有散关，南有武关，北有萧关，可以说是四关屏障。

©镇远楼（甘肃张掖）

实际上，在雍州故地，还有许多关塞，例如在潼关以东 80 公里，有著名的函谷关。再由东而西，在蓝田县有蓝田关，在周至县有骆谷关，在陇县有大震关，在固原市有瓦亭关。而在河西走廊，则有著名的嘉峪关、阳关和玉门关。

这里要重点讲的是因文学而名传天下的四个关，即潼关、萧关、阳关和玉门关。

山河表里潼关路

潼关位于陕西省潼关县东北，据陕、晋、豫三省之要冲，也是关中的东大门，地势险要，历来为兵家必争之地。

潼关始建于东汉初年。东汉以后，潼关的关城由南到北、由塬上到塬下，有过三次变迁。我们现在看到的潼关，是武则天天授二年（691）建的，在潼关县东北黄河南岸。杜甫的名作《潼关吏》，就是写他在这里的见闻和感慨。

唐肃宗乾元二年（759），“安史之乱”尚未结束，官军收复了长安和洛阳，但是河北尚未平定。这年春天，相州（今河南安阳）失守，洛阳也吃紧。官军在河北四处抽丁以补充军力，同时加紧修筑潼关的城防。这个时候，杜甫正从洛阳西行回华州任所，经过潼关，目睹了关吏修城备敌这一幕：

◎潼关（陕西潼关）

士卒何草草，筑城潼关道。大城铁不如，小城万丈余。
借问潼关吏，修关还备胡。要我下马行，为我指山隅。
连云列战格，飞鸟不能逾。胡来但自守，岂复忧西都。
丈人视要处，窄狭容单车。艰难奋长戟，万古用一夫。
哀哉桃林战，百万化为鱼。请嘱防关将，慎勿学哥舒。

这首诗是杜甫的组诗“三吏三别”中的一首，但是和组诗中的另外五首不同。另外五首诗都是站在人民的立场，写战争给人民造成的苦难，这一首则站在国家的立场，写诗人对战事的关切。作品用通俗的语言，通过与关吏的问答，表达了深切的忧国情怀。

作品中的“桃林”，就是桃林塞，也就是从河南灵宝到陕西潼关这一带。“哥舒”，就是哥舒翰。唐玄宗天宝十四载（755）冬天，“安史之乱”爆发，消息传到长安后，朝廷让哥舒翰率兵20万，镇守潼关。

哥舒翰数次向皇帝进言，说叛军劳师远征，一路疲惫。官军只需坚守潼关，以逸待劳，等敌人有了破绽，即可一举歼灭。但是皇帝不以为然。宰相杨国忠也一再怂恿皇帝，要他下诏，敦促哥舒翰出兵。杨国忠为什么这样着急？因为安史叛军打出的旗号，就是诛杀杨国忠。他非常惶恐。

天宝十五载（756）六月，安史叛军打到了灵宝，在唐玄宗的一再催促和逼迫之下，哥舒翰不得已率兵出潼关，东行70里。没想到在路上就中了埋伏，叛军从山上扔石头，砸死了许多官军。到了灵宝县的西原，临到要开战了，叛军却偃旗息鼓，装出要逃跑的样子。于是官军就有些懈怠，不作防备。没想到叛军突然发起进攻，奋力拼杀。官军抵挡不住，就往后撤，叛军则用柴草塞路，顺风点火，烟雾弥漫，就像黑夜一样。官军不辨敌我，自相残杀，尸横遍野。等到明白了是怎么回事，知道败局已定，官军就弃甲而逃。从山上掉下来摔死的，掉进黄河里淹死的，多达十分之二。剩下的官军都去抢装粮食的船只逃命，拼命地挤，结果船都沉了，又死了许多。那些活着的官军，甚至把自己绑缚在长矛和盾牌上渡河。叛军则趁机追杀，又死了许多。20 万官军，最后只剩下 8000 名老弱病残者。杜甫诗讲“哀哉桃林战，百万化为鱼”，就是指这些官军多数都是在黄河里淹死的。

在唐玄宗的瞎指挥之下，哥舒翰不情不愿地出潼关，打了一个大败仗，最后还在部下的胁持之下，投降了安禄山。

潼关是长安的门户，潼关失守，长安就保不住了，于是唐玄宗就仓皇出逃。

因此杜甫在这里非常殷切地请关吏转告守关将领，要坚守潼关，千万不要像哥舒翰那样贸然出关。

许多人最初知道潼关，就是因为读了杜甫的这首《潼关吏》。到了元代，著名散曲作家张养浩写了一首《山坡羊 · 潼关怀古》，人们读过之后，对潼关的印象就更深了：

> 峰峦如聚。波涛如怒。山河表里潼关路。望西都，意踌躇，伤心秦汉经行处。宫阙万间都做了土。兴，百姓苦。亡，百姓苦。

正是因为有杜甫《潼关吏》和张养浩《山坡羊 · 潼关怀古》这样的经典作品，潼关才广为人知，成为一个著名的文学景观。

萧关逢候骑

萧关，最早是战国时期秦国人为了防御匈奴入侵而建的，遗址位于今甘肃省庆阳市环县城北。后来汉代、宋代都有重建。汉代的萧关位于今宁夏固原市东南的六盘山山口，北宋时为了防御西夏入侵，又在汉代萧关故址以北200里处，重建萧关，位置在今宁夏吴忠市同心县南。我们现在看到的萧关是在汉代萧关遗址上重建的。

萧关是关中的北大门，地理位置险要，在古代一直是兵家必争之地。出了萧关，可达今天的宁夏、内蒙古及甘肃兰州、河西走廊一带。萧关以北的军事威胁主要来自古代北方游牧民族，秦汉时主要是匈奴，隋唐时主要是突厥，北宋时主要是西夏党项。

在萧关，曾经发生过大大小小无数次的战争，但是随着历史的烟云散去，人们很少还记得那些战争。真正刻印在人们脑海中的，是文学作品所描写的萧关。以唐代为例，著名诗人王维、王昌龄、杜甫、岑参、卢纶、司空图、贾岛等都曾写到萧关。也正是这些作品，使萧关由一个历史景观衍变成一个著名的文学景观。我们先看王维的《使至塞上》：

单车欲问边，属国过居延。
征蓬出汉塞，归雁入胡天。
大漠孤烟直，长河落日圆。

◎萧关（宁夏固原）

萧关逢候骑，都护在燕然。

唐玄宗开元二十五年（737），河西节度副大使崔希逸打败吐蕃，王维奉命以监察御史的身份前往河西节度使所在地凉州（今甘肃武威）慰问将士，作了这首诗。

作品描绘了西部边塞地区的辽阔壮丽之景，表达了诗人的用世精神与豪迈气概。尤其是“大漠孤烟直，长河落日圆”这两句，非常壮美，非常具有画面感和立体感，历来为人们所称颂。

需要说明的是，“居延”（唐代称居延海）在今内蒙古阿拉善盟额济纳旗北境，王维出使河西走廊，实际上并不经过居延，“属国过居延”这一句，意在赞美唐王朝的疆土之辽阔，并非写实。

唐代的“萧关”在今宁夏固原市东南，王维此行是往河西走廊，并非往北，因此实际上并未经过此关。诗中的“萧关逢候骑，都护在燕然”，乃是化用南朝何逊的诗“候骑出萧关，追兵赴马邑”(《见征人分别诗》)，也非写实。

令人佩服的是，王维此行虽然没到萧关，但是“萧关逢候骑，都护在燕然”这两句，却写得很豪迈，让人们深深地记住了萧关这个名字。可以说，在萧关这个文学景观的生成过程中，王维这首诗的贡献是很大的。

在描写萧关的文学作品中，许多都把萧关和漫天黄沙、满目蒿草、孤城落日、楼头羌笛、寒夜刁斗甚至遍地白骨、雨夜游魂联系在一起，给人一种苍凉、悲壮之感。这些都是真实的。守关戍边，保家卫国，确实有豪迈、荣耀的一面，但也有悲凉、孤独的一面。无数的将士在这里献出了他们的青春，乃至生命，而他们的家人则无时无刻不在思念他们，牵挂他们。请看唐代一位叫陈玉兰的女子写的一首诗：

> 夫戍萧关妾在吴，西风吹妾妾忧夫。
> 一行书信千行泪，寒到君边衣到无？
>
> ——陈玉兰《寄夫》

作者是吴地人，也就是苏南这一带的人，她深切地挂念在萧关服役的丈夫。秋风一起，她就给丈夫寄寒衣，可是丈夫却没有回信。是没有收到，还是换防了，或是人不在了？她非常担忧，于是流着眼泪再次给丈夫写信。读到这里，我们并不觉得“一行书信千行泪”有多少夸张的成分。

需要说明的是，萧关既是关中防范北方游牧民族入侵的前哨，也是关中与北方游牧民族在政治、经济、文化交往方面的一个主要通道。丝绸之路从这里蜿蜒西去，不同文明在这里交汇、碰撞、融合。唐代诗人司空图有这样一首诗，可以让我们看到汉族和少数民族之间的这种融合：

一自萧关起战尘，河湟隔断异乡春。
汉儿尽作胡儿语，却向城头骂汉人。
——司空图《河湟有感》

古代的汉人看到这种情景，无疑是有些气恼的，但是我们今天却不气恼，这不正是民族融合的一个生动例子吗？尤其在今天，民族融合早已成为一个不争的事实，因此我们读到这样的作品，一定要有现代意识。

◎萧关（宁夏固原）

春风不度玉门关

玉门关，在今甘肃省敦煌市西北的小方盘城。汉武帝元鼎六年（前 111），在河西走廊“列四郡，据两关”。四郡就是敦煌郡、酒泉郡、张掖郡和武威郡，两关就是玉门关和阳关。

玉门关有两处，一处是汉代建的玉门关，一处是唐代建的玉门关。唐代的玉门关在今瓜州县双塔堡，遗址已难辨认。汉代的玉门关遗址是一座四方形的小城堡，耸立在戈壁滩的一个砂石岗上。

据有关学者考证，汉代的玉门关最初是在酒泉郡西部，武帝太初四年（前 101）迁至敦煌郡西南的龙勒县，武帝后元（前 88—前 87）年间又迁至敦煌郡西北小方盘城，并将龙勒县的故关改名为阳关。

2014 年 6 月 22 日，在卡塔尔多哈召开的

◎玉门关遗址（甘肃敦煌）

联合国教科文组织第 38 届世界遗产委员会会议上，玉门关遗址作为中国、哈萨克斯坦和吉尔吉斯斯坦三国联合申报的“丝绸之路：长安—天山廊道路网”中的一处，被列入世界遗产名录。

唐代诗人笔下的玉门关是唐玉门关，我们今天所能见到的是汉玉门关。人们常常把唐代诗人所描写的唐玉门关理解为我们今天所能看到的汉玉门关遗址，这是一个误会，但是也可以理解。因为唐代诗人写玉门关时，也常常用汉玉门关的典故。例如王之涣的《凉州词》：

黄河远上白云间，一片孤城万仞山。
羌笛何须怨杨柳，春风不度玉门关。

王之涣是唐代绛州（今山西新绛）人，他年轻的时候曾经漫游天下，足迹遍布黄河南北数千里。他是到过河西走廊、见过玉门关的。那么，他诗中的这座“孤城”是不是玉门关呢？如果是，究竟是汉玉门关还是唐玉门关？应该不是汉玉门关。因为汉玉门关的周围都是戈壁与沙漠，并没有万仞山。也许是唐玉门关吧。但是他用的典故，又是汉玉门关的。据《史记·大宛列传》记载：贰师将军李广利率兵数万攻大宛，战不力，士卒存者不过什一二。请罢兵。武帝闻之大怒，使人遮玉门，曰：“军有敢入者，辄斩之！”

所谓“春风不度玉门关”，就是讲皇帝的恩泽不到玉门关。他只关心开疆拓土，并不关心远征将士的死活。因此诗人感叹：孤城里那个吹羌笛的人，何必要吹奏那首令人思乡断肠的《折杨柳歌》呢？你的笛声再哀怨，皇帝也不会顾惜这些戍边的将士。

在汉代，河西走廊一带的戍边将士，不要说回到家乡，如果能够“生入玉门关”，就是莫大的荣幸了。东汉有一个名人，叫班超，年轻的时候受官府雇佣，整天抄书，用以养家，又劳累，又平庸。有一天，他不禁放下书本，投笔长叹：

大丈夫无它志略，犹当效傅介子、张骞立功异域，以取封侯，安能久事笔砚间乎？

——《后汉书·班超传》

后来时来运转，他真的被派到西域带了31年兵，立了功，封了“定远侯，食千户”，如愿以偿。可是年迈的班超是个什么心态呢？他在给皇帝的报告中说：

蛮夷之俗，畏壮侮老。臣超犬马齿歼，常恐年衰，奄忽僵仆，孤魂弃捐……臣不敢望到酒泉郡，但愿生入玉门关。

——《后汉书·班超传》

可见“生入玉门关”，不死在西域，就是古代戍边将士的梦想。

当然，在唐代众多写玉门关的作品中，有些还是很豪迈的，体现了一种慷慨激昂的时代精神。例如王昌龄的《从军行》：

青海长云暗雪山，孤城遥望玉门关。
黄沙百战穿金甲，不破楼兰终不还。

作为著名的边塞诗人，王昌龄是唐代诗人中走丝绸之路走得最远的人。有人讲，他的足迹可能到了西域碎叶城，也就是到了李白的出生地。丰富的边塞生活经历与深刻而独特的感受，使他写下了许多脍炙人口的边塞诗，这首诗就是其中之一。

他这首诗里的“孤城”是不是玉门关？显然不是，他是站在这座“孤城”上遥望玉门关。望到玉门关，他想到了贰师将军李广利、定远侯班超这些汉代名人，想到了“生入玉门关”这个典故，但是他欣赏的是一种身经百战无怨无悔的勇士精神，是一种“不破楼兰终不还”的英雄气概。应该说，这才是真正的盛唐气象。

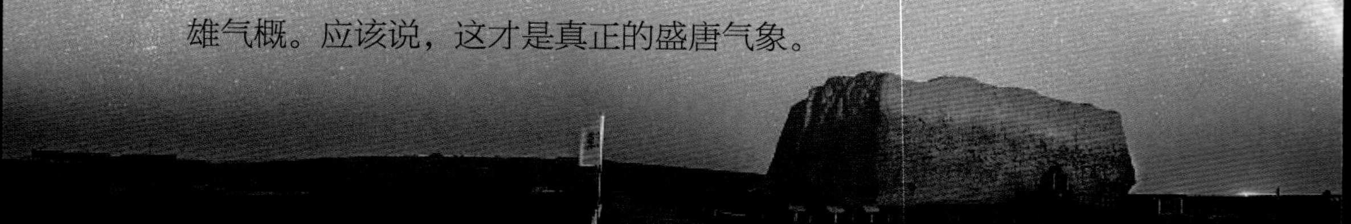

西出阳关无故人

汉玉门关遗址在敦煌，阳关遗址也在敦煌。具体在什么位置呢？就在敦煌市西南七公里的古董滩。因在玉门关之南，所以叫阳关。玉门关和阳关之间有长城联接。

阳关也是西汉时建的，它和玉门关一样，都是中国古代陆路对外交通的咽喉之地，是丝绸之路南路必经的关隘。有这样一种说法，自两关设立之后，在汉代，凡是军事人员都经由玉门关进出，凡是外国客使都经由阳关进出。

阳关广为人知，是因为王维的《送元二使安西》这首诗：

> 渭城朝雨浥轻尘，客舍青青柳色新。
> 劝君更尽一杯酒，西出阳关无故人。

这是一首送别诗。“元二”这个人事迹不可考，“渭城”就是今天的咸阳。在唐代的长安，有亲友西行，多在渭城送别。就像有亲友东行，多在霸桥送别一样。“安西”，是指安西都护府，治所在今新疆库车市附近。

渭城的早晨下了一场雨，不仅把路上的尘土打湿了，也把“客舍”洗得“青青”。汉唐时的长安人有折柳送别的习俗，这里虽然没有写到这一习俗，但是“柳色新”三个字，已经包含了浓浓的送别之意，这就很自然地过渡到三、四两句，以酒话别。第三句很重要，为什么要“劝君更尽一杯酒”呢？因为“西出阳关无故

人”。最出彩的第四句，是由第三句逗出来的。

从此以后，“西出阳关无故人”就成了名句，广为传诵。音乐家把它谱成曲，名《阳关三叠》，而这个《阳关三叠》，又广为传播，成为中国古代十大古曲之一。

这里顺便讲一下，何谓“阳关三叠”？有人说是“把末句‘西出阳关无故人’反复重叠歌唱”（中国社会科学院文学研究所编《唐诗选》），似乎不对。我认为，还是应该以宋代著名学者沈括的说法为准，就是第一句唱一遍，第二、三、四句各唱两遍（《梦溪笔谈》）。

沈括的说法可以通过唐代诗人白居易的《对酒》一诗来印证：

百岁无多时壮健，一春能几日晴明。

◎阳关遗址（甘肃敦煌）

相逢且莫推辞醉，听唱阳关第四声。

第四声是第几声？如果把第一句唱一遍，第二句唱两遍，唱到第三句，即第四声，不就是“劝君更尽一杯酒”吗？这正是朋友对酒时经常要讲的一句：“来来来，再喝一杯！”

无论诗也好，歌也好，都在自觉或不自觉地宣传阳关，久而久之，阳关就成了一个意象。阳关本是一个关口，后来又指经过这个关口通往西域的那条大道，即阳关道。而阳关道，后来又用来泛指那种宽阔平坦、通行便利的大道。再后来，阳关道又象征人生道路的顺畅、光明，有希望、有前景，俗话讲：“你走你的阳关道，我过我的独木桥。”

正是因为诗的作用，曲的作用，俗语的作用，阳关就成了一个家喻户晓、人人皆知的文学景观了。虽然许多人并不知道文学景观这个概念，但是阳关最初是因为王维的这句诗而出名的，因此就被称为文学景观。

这个文学景观的吸引力是很大的。去过阳关的人，要在那里流连许久，虽然今天的它只是一堆黄土；没有去过阳关的人，只要有机会就不会错过。哪怕是冲风冒雪，披星戴月，舟车劳顿，一路奔波，也要去阳关看看。

阳关在人们的心里，已经不仅仅是一个景观，而是具有了多重的意义和内涵。你也说阳关，我也说阳关。阳关在军士们看来是一个需要日夜把守的要塞，在信使们看来是一个更换马匹的驿站，在商人们看来是一个打尖歇脚的旅店，在游子们看来是一个瞭望故乡的危楼，在思妇们看来是一个怀念亲人的坐标，在诗人们看来是一个抒情言志的意象，在众多的旅游者看来则是一个追寻历史的符号。阳关累积了太多的历史记忆与文化想象，谁又能穷尽它的意义和内涵呢？

◎阳关（甘肃敦煌）

后记

这本书，不是一本系统研究九州地理的论著，也不是一本全面讲述九州地理的教材，它只是一本说九州的小册子。

为什么要写这样一本小册子呢？原因是在闲聊中，经常有朋友问我何为九州、九州在哪里、有何特征和景观这一类的问题，我只能作一个简要的回答。但是他们并不满足，还希望我写一本说九州的知识性读物。因此我这本书，是为对九州有兴趣的朋友写的，不是为专家写的。

由于是“说九州”而不是“论九州”，自然可以有多种说法。我的说法是，先说说各个州的地域范围、得名缘由、历史沿革和地理特征，再重点说说这个州的历史人物、重要景观和文学经典。尤其于文学景观，我说的要多一点。我认为这些内容于广大读者朋友而言，可能知识性、趣味性更强一点。

这本《说九州：地理变迁与人文故事》同我的另一本《说名楼：历史记忆与文学景观》一样，在选题、体例和行文上都是一种尝试，既是尝试，就会有不成熟的地方，希望读者朋友多多批评指正。

曾大兴

2024 年 5 月 16 日

于广州世纪绿洲寓所